ACCESO GRATIS *a la Lectura en la Nube*

Para visualizar el libro electrónico en la nube de lectura envíe junto a su nombre y apellidos una fotografía del código de barras situado en la contraportada del libro y otra del ticket de compra a la dirección:

ebooktirant@tirant.com

En un máximo de 72 horas laborables le enviaremos el código de acceso con sus instrucciones.

La visualización del libro en **NUBE DE LECTURA** excluye los usos bibliotecarios y públicos que puedan poner el archivo electrónico a disposición de una comunidad de lectores. Se permite tan solo un uso individual y privado.

DERECHOS HUMANOS VULNERADOS EN CONFLICTOS ARMADOS

CASOS Y REFLEXIONES DESDE LA CRIMINOLOGÍA Y EL DERECHO

DERECHOS HUMANOS VULNERADOS EN CONFLICTOS ARMADOS

CASOS Y REFLEXIONES DESDE LA CRIMINOLOGÍA Y EL DERECHO

N. Janire Rámila Díaz
Coordinadora

tirant lo blanch
Valencia, 2025

En caso de erratas y actualizaciones, la Editorial Tirant lo Blanch publicará la pertinente corrección en la página web www.tirant.com.

La presente obra ha sido sometida a la revisión de pares ciegos según el protocolo de publicación de la editorial a efectos de ofrecer el rigor y calidad correspondiente tanto en su contenido como en su forma, aplicándose los criterios específicos aprobados por la Comisión Nacional E 016 (BOE num. 286, de 26 de noviembre de 2016).

EDITA: TIRANT LO BLANCH
C/ Artes Gráficas, 14 - 46010 - Valencia
TELFS.: 96/361 00 48 - 50
FAX: 96/369 41 51
Email: tlb@tirant.com
www.tirant.com
Librería virtual: www.tirant.es
DEPÓSITO LEGAL: V-3504-2025
ISBN: 979-13-7010-865-6

Si tiene algúna queja o sugerencia, envíenos un mail a: *atencioncliente@tirant.com*. En caso de no ser atendida su sugerencia, por favor, lea en *www.tirant.net/index.php/empresa/politicas-de-empresa* nuestro procedimiento de quejas.

Responsabilidad Social Corporativa: http://www.tirant.net/Docs/RSCTirant.pdf

Autores

Dr. Enrique Garza Grau
N. Janire Rámila
Dra. Marta Abanades Sánchez
Dra. Raquel Regueiro Dubra
Dr. Óscar Andrés Molina
Dr. Guillermo Miguel Rocafort Pérez

Índice

Agradecimientos

Los autores del presente libro quieren agradecer esta publicación, en primer lugar, a la Universidad Europea de Madrid y a Paloma Velasco, decana de la Facultad de Ciencias Jurídicas, Educación y Humanidades, por su interés y la cercanía mostrada en todo momento para que estas páginas vieran la luz.

También a Eva Jiménez, directora de Investigación de la Facultad de Ciencias Jurídicas, Educación y Humanidades, por su asesoramiento y ayuda prestada en el desarrollo de la obra.

Y, cómo no, a Ana González, directora del Departamento de Ciencias Jurídicas por su apoyo incondicional hacia el claustro y a la organización de eventos académicos que enriquezcan la experiencia universitaria de nuestro alumnado y que ayuden a hacer de este un mundo mejor en el que vivir.

Prólogo

DR. ENRIQUE GARZA GRAU
Abogado, Dr. Humanidades y CCSS
Profesor de Derecho en la Universidad Europea de Madrid
Facultad de Ciencias Jurídicas, Educación y Humanidades
Departamento de Ciencias Jurídicas y Humanidades
Campus de Villaviciosa, Calle Tajo s/n, 28670, Villaviciosa de Odón, Madrid, España

Guárdate de los idus de marzo, le dijo un vidente en las calles de Roma a Julio César. Su esposa Calpurnia, la noche anterior al 15 de marzo del 44 A.C., también soñó con la muerte de César e intentó convencerle de que no fuera al Senado. Parece que los astros se alinearon entorno al inicio del IV Congreso de Criminología, que se celebró el 20 de marzo del 2024, la efeméride del funeral de Julio César, momento cumbre de la tragedia más relevante de la era precristiana. Como segunda coincidencia, curiosamente finaliza un día antes del viernes de Dolores, momento en el que comienza la pasión y muerte de Jesucristo, crimen que nos sitúa en el centro de la Historia del procedimiento criminal mosaico y romano, no sólo por la entidad humana y divina del acusado, Jesús de Nazaret, sino también por la aportación histórica, artística, arqueológica, cultural y religiosa que dicho procedimiento ha suscitado a través de la historia y la civilización judeocristiana.

Encabezó el Congreso una conferencia de Laura Jiménez (Jimena Tierra) que visibilizó las herramientas literarias que se usan en cualquier narración de novela negra u obra literaria de entidad. Seguro que el gran Shakespeare se sirvió de esta técnica en su obra *Julio César*.

La segunda ponencia nació con el siguiente título: *¿Qué sucede cuando el control social se rompe?* Para adentrarnos en ella, sigamos con lo ocurrido en Roma después de los idus de marzo. César entró en el teatro de Pompeyo y los conspiradores se arremolinaron en torno suyo como si fueran a prestarle respeto. Uno de ellos, Tulio Cimber, se acercó a él fingiendo querer hacerle una petición y, al ser rechazado por César, le agarró por los hombros para que otro conjurado, Servilio Casca, le diese la primera puñalada en el cuello. Fue la indicación para que el resto de los conspiradores se dispusieran a descargar sus puñales sobre el cuerpo del opresor, que sufrió veintitrés acometidas. A pesar de ello y poniendo por delante del sufrimiento su distinción de ánimo, consiguió resguardar el rostro con la toga y afrontar la muerte como había vivido, sin miedo.

Se cree que sólo una de las veintitrés alcanzó el corazón. "No todos querían matarle", asegura el médico forense y psiquiatra José Cabrera. "Algunos le apuñalaron reiteradamente en las piernas. Al menos uno o dos de los asesinos le odiaban profundamente –envidia, otro móvil que seguro que apuntala la psicología– y eso explica las puñaladas en la cara y en los ojos", escribe. Los múltiples apuñalamientos tienen un paralelo con los métodos de la mafia contemporánea: se trata de un ritual en el que todos los participantes se reparten la culpa. Cuando el emperador cae al suelo, alguien le marca la cara: "es la especialidad favorita en Sicilia: desfigurar el aspecto de un hombre", comenta el coronel *Garofano,* "da la sensación de que el asesinato de César fue un crimen simbólico".

Como se ha dicho, el congreso también finalizó, por los azares de la vida, un día antes de la festividad cristiana conocida como viernes de Dolores. Celebración que da comienzo al tiempo de Pasión y Muerte de Jesucristo. Por tanto, nuestro Congreso nació y se desarrolló entre la muerte de César y la de Jesús de Nazaret, los dos crímenes más relevantes de la historia de la humanidad. Crímenes que, sin duda, pueden analizarse con perspectiva científica.

Decíamos que el 20 de marzo es la efeméride del funeral de César. Marco Antonio, bajo la estatua de Pompeyo y con la toga de César ensangrentada se dirige al pueblo y, lleno de dolor, defiende con elocuencia al dictador.

Antonio era un hombre apasionado y buen orador. Con su elocuencia y arrepentimiento hizo cambiar al pueblo de opinión sobre la figura de César, hasta tal punto, que la masa enfervorecida por la muerte del dictador pasó a perseguir a los presuntos libertadores. Después del asesinato, Marco Antonio aprobó una amnistía, pero, a pesar de esta, Bruto y Casio tuvieron que huir de la ciudad.

En una charla con la investigadora de la facultad, la Dra. Rebeca Cordero, en torno a la autocensura en tiempos de dictadura, reflexionamos sobre la actualidad de la teoría de Ortega de la rebelión de las masas y las aplicaciones revolucionarias de Gramsci. Veamos: el pueblo que alabó el Domingo de Ramos a Jesucristo no es distinto al pueblo que persiguió a los libertadores de Roma con la muerte de Julio César 44 años antes. La condena a muerte de Jesús, acusado de revolucionario con ambiciones políticas y blasfemia, aunque su vida no tenía ni de una cosa ni de la otra, es prueba de la maleabilidad del hombre-masa en situaciones de crisis. Jesús era un pacifista que predicaba el amor y, sin embargo, fue detenido, acusado, condenado y ejecutado por el delito de rebelión. Y Barrabás, el verdadero criminal, liberado por un pueblo en forma de masa gregaria e irracional.

Si tuviéramos que analizar el perfil del delincuente a lo largo de la historia, y si nos planteamos si este nace o se hace, resultaría sugerente investigar con base científica la vida y muerte de los actores esenciales en el asesinato de Jesús o de César.

Judas, apóstol de Jesús. Los Evangelios lo han retratado como un ladrón y un traidor. ¿Quería conseguir de otro modo el reino que Jesús o quería fama, dinero y poder? Judas se suicida: debemos plantearnos si la causa de su autolisis fue la angustia, el sentido de culpabilidad por su colaboración necesaria en el crimen o si fue la ambición de poder o avaricia lo que le llevó al asesinato del Profeta y amigo. Es interesante reflexionar sobre si el suicidio de Judas fue motivado por el arrepentimiento, el miedo o la vergüenza; incluso, podríamos buscar analogías con el suicidio de Asunta Basterra, Rafael Escobedo y muchos otros asesinos de familiares y amigos.

Hemos visto que por dinero se mató a Jesucristo. Tenemos el móvil del asesinato más importante de la humanidad. ¿Quizá el poder, el dinero, la ambición etc. estaban también presentes en el crimen de Julio César? Bruto, hijo de Servelia –amante de César–, mata a su padrastro por liberar a su pueblo de la esclavitud, pero el pueblo no lo ve así… Debemos preguntarnos si es legítimo el crimen en un caso semejante. Incluso preguntémonos quién tenía razón: ¿el pueblo o Bruto?

Caifás, Sumo Sacerdote de los saduceos, aunque más político que sacerdote, es el hombre que acordó la ejecución de Jesucristo. Temeroso de un motín que perturbara su poder creó una farsa de juicio religioso donde, según los Evangelios, incitó a Jesús buscando que saliera de Él alguna frase blasfema que le llevará a la Cruz. La trama de Caifás consistió en capturar al Redentor, reunir de urgencia al Sanedrín en la noche para conocer al detenido y condenarlo. Esta asamblea era ilegal, debido al formalismo judío que exigía un juicio a la luz del día cuando se trataba de la vida del acusado.

Pilatos consultó al pueblo judío: "¿A quién queréis librar: a Jesús o a Barrabás?". Por aclamación permitió un crimen de oído. Jesús era un pacifista, hijo de carpintero, y Pilatos no podía permitir que un hombre humilde pudiera orientar al pueblo contra las creencias religiosas de forma distinta a las prevalentes, poniendo en cuestión el poder establecido. Un crimen de odio lo es hoy y lo fue de igual forma hace 2.000 años. El historiador romano Tácito, proporcionando una confirmación no cristiana de su crucifixión, dejó escrito lo siguiente: "Unos pocos lo ejecutaron, muchos más lo aplaudieron, todos lo consintieron". Algo parecido a lo que ocurrió con la muerte de César o Sócrates.

Consideramos la Criminología como una ciencia joven, pero puede dar respuesta a los grandes hitos de la humanidad sometiendo los comportamientos humanos, políticos y sociales al contraste de las técnicas de investigación criminológica, psicológica y sociológica. Han pasado 2.000 años y vemos que los móviles no han cambiado tanto. El hombre es el mismo. A César y Jesucristo se les asesinó –si dejamos al lado las razones teológicas– por dinero, poder –César fue el primer romano vivo que apareció en la moneda y, normalmente, este honor estaba reservado a las deidades, mientras que Jesús era el Hijo de Dios– o envidia.

En el IV Congreso, padre de nuestro libro, que comenzó entre los Idus de Marzo y la víspera de la Pasión, una circunstancia que ocurre cada muchísimos años, se conjuró la luna llena astronómica con los organizadores del Congreso –digo esto porque la Semana Santa comienza después de la primera luna llena posterior al equinoccio de marzo, es decir, el comienzo de la primavera–.

Así fue como obtuvimos los mimbres necesarios para investigar o al menos leer con perspectiva científica desde la muerte de Sócrates hasta el enigmático asesinato de Kennedy. Solo nos queda prestar atención y leer este libro con serenidad y amplitud científica.

Introducción

N. JANIRE RÁMILA
Profesora de Criminología Clínica, Universidad Europea de Madrid
Facultad de Ciencias Jurídicas, Educación y Humanidades
Departamento de Ciencias Jurídicas y Humanidades
Campus de Villaviciosa, Calle Tajo s/n, 28670, Villaviciosa de Odón, Madrid, España

En su libro *El mundo perdido* (1912), Arthur Conan Doyle escribió: "Las conferencias populares son parásitas por naturaleza. Explotan, por dinero o por fama, la obra que han realizado cofrades indigentes y desconocidos. El más pequeño descubrimiento obtenido en el laboratorio, un solo ladrillo añadido al templo de la ciencia tiene un peso enormemente mayor que una exposición de segunda mano que permite pasar una hora de ocio, pero que no deja tras de sí ningún resultado positivo".

Con estas palabras, queda patente que el creador de Sherlock Holmes era un hombre cultivado y que deseaba reconocer, aunque fuese solo en un breve pasaje del libro, el mérito de la investigación científica, sabedor del esfuerzo, de la soledad y de la incomprensión que esta acarrea consigo en la mayoría de las ocasiones.

Y no otra es la finalidad de los congresos científicos, donde los diversos ponentes ofrecen sus avances, sus descubrimientos... con los que generar debates, preguntas y conocimiento. En ellos se conocen nuevas investigaciones, se contrastan los nuevos datos con los ya conocidos, nacen controversias y hasta quizá se extraigan conclusiones que marcarán nuevas vías de investigación y nuevas perspectivas metodológicas.

Como señala en el prólogo nuestro querido compañero, Enrique Garza, el IV Congreso de Criminología, que se celebró en la Universidad Europea en marzo de 2024, tuvo todas estas pretensiones.

Bajo la temática de la Criminología y el Derecho en tiempos de conflicto y de guerra, los diversos ponentes pivotaron con sus intervenciones sobre los Derechos Humanos reconocidos por Naciones Unidas y que son vulnerados durante estos procesos armados o violentos. Una perspectiva no muy común, pero tremendamente interesante por sus múltiples aplicaciones y por estar de muy triste actualidad.

No en vano, ahí tenemos la guerra de Ucrania, con las imágenes que todos hemos visto de millones de personas desplazadas, bombardeos sobre edificios y poblaciones civiles, matanzas, fosas comunes y supuestos traslados forzosos de niños ucranianos a suelo ruso y que han llevado a la Corte Penal Internacional a emitir, en marzo de 2023, una orden de arresto contra el presidente ruso Vladimir Putin y otra muy similar contra la comisaria rusa de Derechos del Niño.

O la guerra en Gaza, donde -en el momento en el que se escriben estas páginas- aún prosiguen los bombardeos y el asedio hacia la población palestina y que también ha generado movimientos judiciales internacionales, en este caso con la orden emitida, en enero de 2024 por la Corte Internacional de Justicia, de que Israel tome todas las medidas necesarias posibles para prevenir un genocidio en Gaza.

Y sin olvidar los conflictos también abiertos de Sierra Leona, Malí, Sudán, Afganistán, Siria, República Democrática del Congo, Colombia... Todos ellos vulneradores del espíritu de la Declaración Universal de los Derechos Humanos, aprobada por la Asamblea General de las Naciones Unidas, el 10 de diciembre de 1948, en su Resolución 217 A.

Apenas 30 artículos que recogen las obligaciones que todos debemos cumplir para permitir que las personas, sin importar el lugar en el que nos encontremos, nos desarrollemos como seres humanos en libertad y en igualdad, pero que los conflictos armados se empeñan una vez tras otra en desbaratar, pese a que su último artículo, el número 30, indique que "nada en esta Declaración podrá interpretarse en el sentido de que confiere derecho alguno al Estado, a un grupo o a una persona, para emprender y desarrollar actividades o realizar actos tendientes a la supresión de cualquiera de los derechos y libertades proclamados en esta Declaración".

En concreto, durante los días de nuestro IV Congreso, celebrado en la Universidad Europea, los asistentes hablaron, siempre desde una perspectiva criminológica y/o jurídica, de los niños soldado, los traumas de guerra y de su afectación en el comportamiento futuro de quienes las sufren, de genocidios y de sus investigaciones forenses, de la Corte Penal Internacional, de seguridad exterior e interior... Problemáticas que quizá nos parezcan algo lejanas, pero que no lo son tanto, ya que con la mencionada guerra de Ucrania hemos constatado que los conflictos armados pueden suceder en cualquier parte del mundo e involucrar a las naciones más insospechadas.

Y aún serían menos lejanos si aplicásemos lo que el criminólogo Antonio Beristain denominaba la Teoría de la Responsabilidad Universal Compartida, esto es, la responsabilidad que todos nosotros tenemos a la hora de involucrarnos, en la medida de nuestras posibilidades, para ayudar que los males del mundo se resuelvan favorablemente.

El presente libro es una continuación de algunos de los temas tratados en este IV Congreso y que, por su extensión e importancia, no pudieron ser desarrollados en toda su plenitud y que resaltan cómo los Derechos Humanos son sistemáticamente vulnerados en cualquier conflicto armado, entendiendo a este, no ya solo como un conflicto donde se desarrolle violencia, sino donde aparezca el conocido concepto de guerra híbrida, en la que se permite la cohabitación de la violencia física con otra violencia más sutil, aquella que se lleva a cabo en el terreno de la desinformación y del mundo cibernético.

La obra se divide en cinco grandes capítulos que abarcan diferentes miradas criminológicas y jurídicas, pero siempre desde la perspectiva de la vulneración de los Derechos Humanos en momentos de conflicto: una reflexión sobre el estudio de estos Derechos Humanos, los niños soldado, los derechos de los menores en tiempos de guerra, el papel de la psicopatía en la vulneración de los mencionados Derechos Humanos en procesos de genocidio y el peligro de las extralimitaciones del Estado de Derecho.

Porque, más allá del drama humanitario que todos estos conflictos generan, se hace necesario entenderlos desde una perspectiva jurídica y criminológica, para entender todo su alcance.

Temas muy relevantes, que podrían ampliarse casi hasta el infinito, pero que, con la limitación del espacio físico de esta obra, consideramos que son suficientes para generar profundos debates en las aulas universitarias por las aristas y las diferentes lecturas que presentan. De hecho, para ayudar a generar este posible debate con los alumnos, se ha incluido al final de cada capítulo la mención a una serie de películas, series o documentales sobre la temática tratada, con la inclusión de un brevísimo análisis de cada uno de estos recursos audiovisuales y algunas de las cuestiones que pueden plantearse a los alumnos para dinamizar la actividad.

Crear estos espacios de discusión en el aula es uno de los objetivos del grupo de investigación de la Universidad Europea de Madrid llamado "Manifestaciones jurídicas a través de recursos audiovisuales y otros recursos de ficción", del que formo parte y que certifica que las obras mencionadas al final de cada capítulo son de contrastada calidad y con suficiente profundidad como para organizar interesantes debates criminológicos y jurídicos en torno a ellas.

Y, ya sin más, que disfruten de las siguientes páginas.

La incompatibilidad entre la criminología, la criminología de la guerra y los derechos humanos: el estado antagónico de los términos y su estudio dentro de la sociedad

DRA. MARTA ABANADES SÁNCHEZ
Profesora Adjunta de Ciencias Jurídicas y Políticas
Universidad Europea de Madrid
Facultad de Ciencias Jurídicas, Educación y Humanidades
Departamento de Ciencias Jurídicas y Humanidades
Campus de Villaviciosa, Calle Tajo s/n, 28670, Villaviciosa de Odón, Madrid, España

1. INTRODUCCIÓN Y PLANTEAMIENTO DE LA CUESTIÓN

Aunque parezcan realidades diferentes, en los últimos años cada vez se da mayor notoriedad el estudio por un lado de la Criminología y sus líneas de actuación, la Criminología de la Guerra y los Derechos Humanos. Realidades diferentes, pero a su vez con una sinergia en contenido que podrían aunarse y complementarse entre sí. En este capítulo se intenta visibilizar la delgada línea existente entre estos términos, para llegar a entender sobre la necesidad de concienciación de la sociedad para entender las bases de la Criminología, donde aparecen los Derechos Humanos de las personas y cómo prevenir la Criminología de la Guerra para llegar a una posición más humanista.

En primera instancia contemplaremos en si el termino de Criminología, sus diferentes definiciones y que disciplinas abarca y con que finalidad. También desde un enfoque criminológico, que es el delito, cuando se comete y qué papel juegan los Derechos Humanos en este escenario.

A continuación, como sabemos, durante los últimos años, la cuestión de la guerra ha sido objeto de reflexión, ya que dentro de las misma hay ciencia política o como se denomina hoy en día, geopolítica pero también es necesario abordarla desde el Derecho, de las Ciencias Humanas y Sociales. En este capítulo se describirá cual ha sido el recorrido de la Criminología de la Guerra y como la conocemos hoy en día. Igualmente, que tipo de atrocidades, crímenes y pérdidas de vidas humanas se están contemplado en la sociedad y que castigos y prevención existen mediante este choque de intereses. Dentro de la Criminología de la Guerra además es importante revisar ciertos campos científicos como el Derecho, las Relaciones Internacionales, la Economía y la Criminología.

La otra parte que nos ocupa son los Derechos Humanos, desde la formación del tratado del 10 de diciembre del 1948, sus diferentes etapas a lo largo de la sociedad y el cumplimento de los mismos a lo largo de la historia. Cabe reflexionar porque sigue considerándose un área de estudio dentro de la Criminología y cómo podemos intentar acercarnos hacia una Criminología más humanista.

Este capítulo, versa sobre la reflexión de aclarar como conceptos tan ligados entre sí, incompatibles en su practicidad, pero presentes en toda la historia de nuestra sociedad. Se podría confirmar que el comienzo de la Criminología de la guerra es el fin para los Derechos Humanos. Se aportará la fuente de los Derechos Humanos, así como sus principios, para poder entender como desde su declaración el 10 de diciembre de 1948, por la Asamblea General de las Naciones Unidas, se establecieron los derechos y libertades individuales de las personas.

En la otra vertiente tenemos la denominación de la otra gran ciencia como es la Criminología y dentro de la misma, la línea tan delgada que la une con la Criminología de la Guerra. La Criminología es capaz de integrar conocimientos interdisciplinarios con el fin de abordar de manera integral la cuestión penitenciaria y delincuencial. Su principal producto es el delito, y de ahí que podamos considerar la importancia de integrar los Derechos Humanos dentro de los estudios criminológicos. Por otro lado, los Derechos Humanos se aplican en la identificación de conductas antisociales para la prevención del delito. Para poder comprender todos los términos, expondremos la relación de autores que abordan esta temática desde diferentes perspectivas. Por un lado, como la necesidad de entenderlas para llegar a una criminología más humanista para defender el derecho. Mientras que en el otro escenario nos encontramos autores que constatan como defender los Derechos Humanos motiva de alguna manera a amparar y proteger a los delincuentes.

Según Ruiz Harrell (2013), los que defienden los Derechos Humanos impiden que la lucha contra el crimen sea realmente eficaz. Tendremos que entender de qué manera actúan los defensores de los Derechos Humanos y como está circunstancia esta apoyando o no a la prevención del delito y del crimen.

2. LA TERMINOLOGÍA DE LA CRIMINOLOGÍA Y SU ÁREA DE ESTUDIO

Si indagamos sobre la terminología de la Criminología, podemos encontrar diferentes definiciones, a continuación, vamos a recoger algunas más destacables.

Para Tieghi (2004) en su obra Tratado de Criminología confirma que la criminología desde un enfoque etiológico constituye un sentido estricto, el núcleo y el objeto primigenio de la criminología científica, empírica y experimental ya que pretende conocer las causas, el origen y el desarrollo de la personalidad del delincuente y su conducta criminal para su posterior aplicación preventiva y resocializante.

Aunque no nos vamos a introducir en el Derecho Penal, el autor Orellana Wiarco (2008) en su obra Curso de Derecho Penal apunta al concepto de Derecho Penal con tendencia humanista ya que es el conjunto de normas de derecho público que estudia los delitos, las penas y las medidas de seguridad aplicables a quienes realicen conductas previstas como delitos, con la finalidad de proteger los bienes jurídicos fundamentales de la sociedad y de los individuos.

Queríamos resaltar esta definición por el acercamiento a ese enfoque humanista tan necesario que veremos en el desarrollo del estudio. También como definiciones nos abren el escenario de esa ciencia que abarca la delincuencia y la conducta criminal. Si tuviéramos que destacar cual es el fin de la Criminología cabe señalar a Zuñiga López (2021), que deja claro que esta ciencia social es la búsqueda del bienestar individual y social, así como también pretende el aumento de la calidad de vida de las personas de manera individual y colectiva. Otros autores como Pérez Pinzón y Pérez Castro (2006) en su obra Curso de Criminología ponen de manifiesto como la Criminología tiene entre sus objetos de estudio la violación o puesta en peligro de Derechos Humanos, de manera que la Criminología como ciencia social debe abordar y atender el fenómeno de la delincuencia a través de la prevención del delito, con el fin de proteger la integridad y los derechos individuales. Asimismo, centran su teoría y praxis en mantener el orden y la armonía en la sociedad (Pérez Pinzón y Pérez Castro, 2006).

Como hemos comprobado ya, los autores contemplan en sus estudios la puesta en marcha de la violación de los Derechos Humanos y cómo la ciencia de la Criminología debe de velar y proteger por la integridad de estos. Según Villareal Salazar (2024), la Criminología es una ciencia compleja y dinámica, abarca aspectos múltiples de las conductas y estructuras, pero también explora lo que acontece en el plano individual y social, contemplando tanto lo general como lo especifico. Puede parecer una tarea complicada el poder exponer una definición, sobre todo teniendo en consideración la multitud de teorías y cambios constantes en dicha área de conocimiento. Si podemos concretar algo es el área de estudio que acontece el hecho delictivo, a continuación, se detallan las partes que la engloban:

1-. el delito en sí: aunque desde niños hemos oído hablar de las prohibiciones, lo que está bien y lo que está mal, se hace necesario pararse a pensar qué es el delito. Según el diccionario de la Lengua Española es la "Acción u omisión voluntaria o imprudente penada por la ley". Si nos ponemos en situación para esta investigación, el delito, según Villareal Salazar (2024), es una acción u omisión tipificada como tal en el ordenamiento jurídico de un país durante un periodo determinado que obedece a la Teoría del Delito. Ciertamente, el delito en su mayoría se entiende para normalizar conductas con la finalidad de salvar bienes jurídicos como la vida, la libertad etc., pero existe otra posibilidad que ha crecido con auge en los últimos años: la protesta social. Delitos que sin dañar algún bien jurídico, intentan dominar a las personas para favorecer intereses particulares. Según Alvarado Alcázar (2019), en su trabajo bajo el nombre La criminalización de la protesta social: Un estado la cuestión, lamentablemente se ha empleado el termino criminalización de la protesta por organismos que como función tienen velar por los Derechos Humanos, con el propósito de desacreditar manifestaciones y reivindicaciones sociales. Se hace necesario tener especial cuidado con aquellas organizaciones nacionales o internacionales que utilizan la protesta social para sus propios intereses engañando a las sociedades. Según Hernández Valle (2012), la Criminología debe fundamentar el estudio del delito como fuente de conocimiento y el análisis de los intereses que median en la persecución penal, de manera que las leyes y el sistema de justicia pueda asegurar la protección de los derechos de las personas para que las leyes sean garantes de seguridad jurídica y no obedezcan a los intereses políticos de las elites dominantes. Lo establecido como delito no está escrito en piedra, parte del quehacer criminológico consiste en determinar si las leyes tienen un sentido de amparo y defensa de prerrogativas o en el caso contrario lesionan Derechos Humanos (Hernández Valle 2012, p. 154).

2-. A quién perpetra la acción u omisión delictiva –la persona victimaria–: este apartado se refiere a quienes perpetran las acciones u omisiones delictivas. En algún momento se señaló la criminología positivista como el estudio de la cuestión delincuencial, teniendo como referencia a las personas que entraban en conflicto con la ley penal denominándoles infractores o agresores. Posteriormente, ya vemos estudios que se centran en la neurociencia de la Criminología Critica consolidando las bases científicas de estos estudios. Pero si nos centramos en una definición la más acertada sería la de Villareal Salazar (2024) que comenta que,

en las personas victimarias, cuando se garantizan los derechos procesales a las personas en conflicto con la ley penal, también se asegura el respeto de los Derechos Humanos, motivo más que justificado para que las y los profesionales en Criminología presten atención sobre cómo funcionan los procesos judiciales.
3-. A quien sufre el perjuicio (la víctima): si algo hay que confirmar en este apartado, es la relación que tienen todas las partes entre sí. A la víctima no se la puede analizar de forma aislada, sino que se tendrán que poner en contacto los otros componentes como el delito, la persona victimaria y por último el control social. Podemos confirmar que, gracias a la victimología, a la víctima se le ha dado un tratamiento excepcional. Según Zuñiga López (2021): *El desarrollo de la victimología en las últimas décadas le permitió a la criminología alcanzar su tan soñada autonomía, emancipándose de otras ciencias sociales de las cuales vivía a las sombras. Esto estrecha aún más la relación simbiótica entre la Criminología y la victimología (Zúñiga López, 2021, p. 379).*

Pero si tuviéramos que relacionarlo con el tema en cuestión que nos conforma, según Villareal Salazar (2024) la victimología también se interesa en el estudio de la prevención del delito y la promoción de la seguridad ciudadana como una forma de reducir el número de víctimas. En ese sentido, es que se pretende hacer notar que la integración de Derechos Humanos, como parte de los estudios victimológicos, favorecería la convivencia social.

El control social –formal e informal–: serían aquellas normas que la sociedad utiliza para controlar el comportamiento de las personas y mantener el orden social. Según Villareal Salazar (2024), su objetivo principal es promover la conformidad con las normas, valores y expectativas sociales. También pretende prevenir o sancionar comportamientos que sean considerados desviados o inaceptables dentro de esa sociedad, puede manifestarse de diversas formas y a través de diferentes instituciones, como la familia, la educación, la religión, el sistema legal y el gobierno.

En definitiva, la Criminología como ciencia tiene una finalidad y podríamos concretar que se encuentra relacionada con los Derechos Humanos. Como hemos visto, en todas las partes podríamos comentar como se intentan dañar los Derechos Humanos desde cada una de las posiciones, y como la ciencia y el estudio de la criminología debería velar por los derechos y libertades de los demás. Pero también nos surge una duda repasando el concepto de Criminología, ¿dónde quedan esos millones de muertos y victimas de guerras y genocidios?, parece que el campo de la Criminología trabaja más a nivel individual. Según Ferrajoli (2013) todas las atrocidades, genocidios, guerras, ya sean guerras civiles o guerras de agresión, los desastres y las plagas cuyo daño es incomparablemente más grave que el de todos los delitos castigados por la justicia penal, ponen en cuestión la naturaleza y el propio rol de la Criminología. A continuación, ahondamos en el concepto y aparición de la Criminología de la Guerra.

3. LA APARICIÓN DE LA CRIMINOLOGÍA DE LA GUERRA

Como sabemos Europa en su totalidad ha sido un campo de batalla desde hace muchos años. Podríamos remontarnos a 1808 con las invasiones napoleónicas, la guerra de Crimea, la guerra franco-prusiana para posteriormente entrar en la Primera Guerra Mundial que daría posteriormente paso a la Segunda Guerra Mundial. Según Zapatero (2024) en los últimos 500 años todos los países del continente han visto modificadas sus fronteras por causa de las guerras desde Rusia hasta el Reino Unido. Solo se han salvado (aunque no de las guerras civiles) España y Portugal. El resto ha cambiado en multitud de ocasiones, ya sea mediante o mediando una guerra. La guerra podríamos confirmar que es un crimen de agresión y para llevarla a cabo vemos crímenes de guerra y crímenes contra la humanidad y por ende omitiendo los derechos humanos fundamentales.

La cuestión de las guerras siempre ha estado ligada a las ciencias políticas, pero fue con el transcurso de la Primera Guerra Mundial donde se formuló la teoría general dando cabida al termino de geopolítica. Es importante destacar que las guerras traen consigo relación en diversas disciplinas, como el Derecho, las Relaciones Internacionales, la Economía, los Derechos Humanos y la Criminología, aunque en la práctica no se empezó a trabajar con estas sinergias prácticamente hasta tiempo bien reciente.

Estamos prácticamente acostumbrados a ver crímenes atroces por los medios de comunicación, mediante la pérdida de vidas humanas, los daños que se producen y el modo cruel de como sucede, pero como surge la Criminología en este contexto.

a. Los primeros criminólogos

Son todos los crímenes atroces que acompañan a la guerra los más graves para todos los ciudadanos. La Criminología nace a partir de la segunda mitad del siglo XIX, aunque empezó a ocuparse de estos crímenes a partir de los 90 en la guerra de los Balcanes. Podríamos confirmar según Zapatero (2024) que apenas existen cuatro criminólogos en la historia que se han ocupado de las guerras y de sus crímenes: Hermann Mannheim, Sheldon Glueck, Mariano Ruíz y Ruth Jamieson, todos ellos motivados por las atrocidades de la II Guerra Mundial. Para poner en contexto la labor de cada uno de ellos se describe adjunta el siguiente cuadro:

Cuadro 1. El trabajo de los primeros criminólogos.

Autor	Profesión	Publicaciones	Ocupación	Participaciones	Otros
Cesare Lombroso	Criminólogo y medico italiano	Libro 1911 Criminal Man	Fundador de la escuela de la criminología positivista.	Destaco su trabajo en la idea de que la criminalidad está determinada por factores biológicos y sociales.	Propuso que el hombre criminal era un individuo con características físicas y mentales específicas, heredadas y que podían ser identificadas.
Raffaele Garófalo	Jurista y criminólogo italiano	Libro 1891 Criminologia: studio sul delitto e sulla teoria della repressione	Fue el primero en definir la Criminología como la ciencia general de la criminalidad y de las penas.	Reconocido por sus contribuciones a la criminología positivista, a menudo llamada la "nueva escuela"	Identificó los delitos naturales como aquellos que violan los sentimientos altruistas básicos de probidad y piedad, estableciendo una distinción entre delitos naturales y legales.
Enrico Ferri	Criminólogo italiano	Libro 1892 Sociología Criminal	Pionero en el estudio de los factores sociales que contribuyen a la criminalidad, como la pobreza, la falta de educación y la discriminación.	Propuso una clasificación de delincuentes en cinco categorías, incluyendo locos, natos, habituales, pasionales y ocasionales.	Importante representante de la Escuela Positiva.

Hermann Manheim	Se dedico a la criminología en la London School of Economics	Libro 1941 War and Crime	Se ocupa de las transformaciones de la criminalidad como consecuencia de la guerra y del incremento de los delitos económicos.	Destacado su trabajo en las guerras Ilícitas como los efectos de la criminalidad de las migraciones forzadas tomando en cuenta la delincuencia de los jóvenes.	Califica la agresión germana como crimen internacional a partir del Tratado de Briand-Kellog de 1928.
Sheldon Glueck	Profesor y doctor por la universidad de Harvard	Libro 1944 War criminals. Their prosecution and Punishment	Se ocupó de los jóvenes delincuentes desde las vísperas de la guerra de los crímenes internacionales.	Participó en el diseño y ejecución de Núremberg como asesor del fiscal Jackson.	
Mariano Ruíz de Fúnez	Catedrático de Derecho Penal y ministro de la República Española en guerra	Libro 1960 Criminología de la Guerra	Se ocupa de la criminalidad con motivo y ocasión de la guerra.	Participó en la criminalidad femenina, la económica, la criminalidad del regreso y sobre los responsables de los crímenes internacionales.	
Ruth Jamieson	Doctora en la Universidad de Belfast	Libro 1998 Hacia una Criminología de la Guerra	Se ocupa de la incidencia y ferocidad de las guerras y los conflictos étnicos.	Participa en la reflexión de la criminología europea contemporánea.	Proclama que la criminología contemporánea no ha prestado atención a las complejas conexiones entre la guerra y el crimen.

Fuente: Elaboración propia.

El trabajo de estos criminólogos fue primordial para la defensa de esos derechos humanos sobre los civiles y las victimas de todas las guerras y genocidios, igualmente para poner nombre a los responsables de los crímenes internacionales. Sin el estudio profundo de la criminología de la guerra se hace complicado el poder defender todos los derechos y libertades de las personas.

Además de la participación y trabajos de estos criminólogos, sería en el 2014 cuando por primera vez se reúne el "Grupo europeo de criminología sobre crímenes atroces y justicia transicional" dentro de la Sociedad Europa de Criminología por iniciativa de otro gran especialista Alette Smeulers.

Por otro lado, Pierre (2015), advierte sobre las razones de desinterés que radica en que la mayoría de los crímenes masivos contemporáneos tienen lugar durante enfrentamientos armados, en su periferia o en periodos de crisis y desestabilización prolongada. La mayor parte de estos crímenes de guerra son el resultado de un proyecto para la apropiación de un territorio. Fue con los crímenes de la antigua Yugoslavia y los de Ruanda cuando el genocidio comienza a ser objeto de la criminología, y por último tenemos que nombrar a Raúl Zaffaroni ya que en 2009 consiguió el premio Stockholm de criminología por sus trabajos sobre Crímenes de Estado masivos.

Si hemos hecho participe a los criminólogos es porque se hace necesario que para establecer condiciones de prevención hay que diseccionar los problemas, investigar los hechos y procesos que desencadenaros tales acontecimientos para poder prevenir guerras futuras, así como elaborar modelos que permitan mejorar las políticas jurídicas. Pero cuando las guerras están activas, como ocurre actualmente, ¿Qué papel desencadenan los derechos humanos? Con respecto a la terminología de la Criminología y su relación de la Criminología de Guerra, no podemos quedarnos en una justifica penal global, según Ferrajoli (2014) la criminología debe leer y estigmatizar como crímenes -crímenes de masa contra la humanidad- las agresiones de los derechos humanos y a los bienes comunes realizados por los Estados y por los mercados.

4. EL PAPEL DE LOS DERECHOS HUMANOS

Todos conocemos el tratado del 10 de diciembre del 1948, cuando la Asamblea general de las Naciones Unidas aprobó y proclamó la Declaración Universal de los Derechos Humanos. La Asamblea pidió a todos los países miembros que publicaran el texto de la declaración y dispusieron que fuera expuesto en todos los centros de enseñanza sin distinción de la condición política de los países y territorios. Aunque lo revisaremos más adelante, deberíamos revisar si en el plano de la educación superior tiene algún punto de encuentro con las profesiones que salvaguardan los derechos de los ciudadanos. Pero este discurso al cabo del tiempo ha pasado por varias etapas, según Arroyo Juárez (2002) podemos diferenciarlas como generaciones.

La primera: atiende a la premisa de derechos y libertades individuales como los plasmados en la Declaración de Independencia de los Estados Unidos de Norteamérica o en la Declaración de los Derechos del Hombre y del Ciudadano en Francia de 1789.

La segunda: surgió a finales del siglo XIX y hasta mediados del siglo XX, y se basa en el asentamiento de los derechos sociales en legislaciones locales e internacionales como el derecho a la educación, a la salud, al trabajo etc.

La tercera: surgió después del periodo de postguerra y asentaba las bases de los derechos de grupos específicos considerados como vulnerables, es decir, niños, mujeres, minorías étnicas entre otros.

Y este autor comenta que se podría conversar sobre una cuarta generación que establece los derechos, ya no sólo de los individuos o grupos sino a pueblos enteros, por ejemplo, el derecho a un desarrollo social justo en un ambiente sano y equilibrado (López Álvarez, 1997, p.41).

Al aceptar esta vía cronológica, de alguna forma le estamos dando connotaciones políticas y prácticas y esto puede tener consecuencias negativas según el autor. Al aceptar el escenario de los Derechos Humanos a través de un prisma generacional, como un continuo progreso, se da por hecho que cada etapa es mejor que las anteriores. Según Arroyo Juárez (2002), al priorizar el contenido teórico de las declaraciones o legislaciones sobre sus implicaciones prácticas, de alguna manera se está propiciando que el discurso de los Derechos Humanos, lejos de ser un vehículo de protección para los individuos, se convierta en un instrumento legal para su dominación por parte de los Estados. Estos Estados, al firmar diferentes convenios y tratados o emitir legislaciones sobre los Derechos Humanos se sitúan dentro de la normal legal, mientras que en la práctica son capaces de violar los derechos de los ciudadanos amparados en esos mismos instrumentos legales o simplemente los ignoran.

Si leemos detenidamente cada uno de los derechos, podemos corroborar que existe una dimensión más teórica y otra dimensión más práctica cuando lo llevamos a la realidad. Existe una clasificación alternativa y en ocasiones más útil que la visión generacional ofrecida anteriormente. Se trata de dividirlo de acuerdo con el contenido y las prácticas. Según Cohen (2000), podemos encontrar siete tipos de discursos sobre los Derechos Humanos.

1-. Diplomático: sus orígenes históricos se deben a los Derechos Humanos supranacionales como, por el ejemplo, la Organización de las Naciones Unidas, la Organización de Estados Iberoamericanos, Unión Europea etc.

2-. Legalista: este se diferencia porque tiene un enfoque estrictamente legal e intenta dar forma jurídica a la defensa de los Derechos Humanos en los ámbitos nacional e internacional.

3-. Político-filosófico: su característica general es que recoge todos los aspectos relacionados con los derechos en general.

4-. Intervencionista: se opera fuera de las estructuras oficiales del Estado y se basa generalmente en el trabajo y cooperación de las llamadas organizaciones no gubernamentales (ONG), cuyo alcance es nacional, internacional, regional o local.

5-. De monitoreo o vigilancia: cabe distinguirse de los demás porque existen organizaciones o personas dedicadas exclusivamente a informar sobre las violaciones de los Derechos Humanos, no ejercen ningún tipo de presión sobre los gobiernos ni tampoco participan directamente en casos específicos, su única función es informar y contabilizar las violaciones.

6-. Científico-social: aunque no existe actualmente una disciplina científica que estudie de manera exclusiva los Derechos Humanos, sí existen diversos conjuntos de literatura que intentan aprender estas cuestiones de manera más descriptiva/ empírica o casual/teórica. Este punto es especialmente interesante en este estudio, ya que aun no teniendo constancia de una materia que englobe estrictamente el contenido y sentido de los Derechos Humanos, se hace necesario vincularla al mundo de la Criminología como veremos posteriormente.

7-. Educacional: intenta reforzar los valores de los Derechos Humanos a través de una educación dirigida al público en general o a grupos específicos, ya sean centros educativos o instituciones de cualquier otro espacio. Esta opción busca anticiparse para que las violaciones de los Derechos Humanos no ocurran.

Dentro de que en la ciencia criminológica se atienda a aspectos legales, jurídicos etc., con esta segunda versión sobre los Derechos Humanos, podríamos concretar como los ítems que más se acercan a nuestro punto de abordaje serían el diplomático, el legalista y el intervencionista. Cuando empieza la guerra se acaban los Derechos Humanos. Se hace necesario dentro de la rama de la Criminología un enfoque más humanista, a continuación, detallamos unas líneas.

5. CRIMINOLOGÍA HUMANISTA

Para concretar más aún la relación o unión entre el estudio de la Criminología, la Criminología de la Guerra y los Derechos Humanos, debemos de matizar además el campo del estudio de la Criminología. Para Orellana Wiarco (2012) determinar el campo de estudio de la Criminología se hace necesario que profundicemos un poco al respecto. No todos los estudiosos de esta materia; cuya sistematización es muy reciente, están totalmente convencidos de que la Criminología deba ocuparse exclusivamente del estudio de las conductas delictuosas, o sea de aquéllas que realizan los individuos y que quedan perfectamente encuadradas o tipificadas en las descripciones que la Ley Penal contiene; o si, por el contrario, pueda abarcar un campo todavía más extenso, como serían los llamados estados criminógenos, que, sin encontrarse tipificados como delitos, constituyen una predisposición, un riesgo, una inclinación más o menos acentuada, que inducen al individuo a delinquir, como son el alcoholismo, la drogadicción, la prostitución, la vagancia, etc. Pero si verdaderamente nos centramos únicamente en las acciones tipificadas bajo la Ley Penal, ¿Dónde se encuentran los criminólogos humanistas y defensores de la Constitución y de los Derechos Humanos? ¿Habría que dejar fuera de la formación criminológica el tema de los derechos humanos?

Villareal Salazar (2024) constata que, en la Criminología, el área de conocimiento se ocupa de la recolección, preservación, análisis, cadena de custodia e interpretación de evidencia en un proceso de investigación con fines penales. En ese entendido queda poco o nulo margen para integrar prerrogativas con sustento en la dignidad humana, es decir, todo apunta a que se tiende a favorecer la persecución penal por encima del reconocimiento de Derechos Humanos.

Hay otros autores que también constatan como el ejercicio del criminólogo puede causar la violación de los Derechos Humanos. Harrell Ruiz (2013), en su obra *Derechos Humanos y Criminalidad*, se refiere a esta cuestión indicando lo siguiente:

La relación entre los Derechos Humanos y la delincuencia a la que se alude con mayor frecuencia es negativa: defender los derechos humanos, se dice, es lo mismo que defender delincuentes. Quienes defienden los Derechos Humanos, se añade, impiden que la lucha contra el crimen sea realmente eficaz (Harrell Ruiz, 2013, p. 1).

A pesar de las afirmaciones de este autor, actualmente no encontramos en la comunidad científica el hecho de que el ejercicio pleno de los Derechos Humanos pueda implicar una inacción judicial. Lo que pretende explicar es que, en la mayoría de los derechos procesales establecidos en las leyes, se hayan interpretados de manera que, en ocasiones, el agresor pueda evadir el proceso judicial.

6. CONCLUSIONES

En este capítulo nos hemos centrado en la relación entre el término de Criminología, la Criminología de la Guerra y los Derechos Humanos. Se puede confirmar con carácter general que, para la comunidad científica, la Criminología enfoca su atención en al menos cuatro aspectos: el delito, la persona victimaria, la víctima y la presión social. Se ha constatado que no se pueden estudiar de manera aislada, cada uno contribuye entre sí, y que de alguna manera se deben tener en cuenta los derechos y libertades de las personas para poder entender su desarrollo e implicaciones. Aunque las veamos como un conjunto cada una tiene relación con los Derechos Humanos. También hemos encontrado cierta contrariedad entre la Criminología y los Derechos Humanos, pero se considera que es por falta de estudio y profundización sobre el tema, ya que se pueden garantizar y asegurar los derechos sin perjudicar la labor del sistema de justicia.

Hay autores, además, que comentan, como la defensa de los Derechos Humanos puede avivar el delito, pero se constata que el autor lo que quiere es demostrar que, en ciertos derechos procesales, el agresor puede evadirse del proceso judicial. Se alude a los términos del criminólogo positivista o la Criminología humanista, pero falta aún mucha información científica sobre esas terminologías. En ocasiones, también se aclama esa criminología crítica como disciplina del estudio sistémico de la delincuencia y la justicia que tiene en consideración la estructura de clases y procesos sociales, pero tampoco hay una gran evidencia de esta.

En la otra vertiente, revisando el concepto de Criminología, tal y como elude Morrison (2012), desde los inicios, la Criminología se ha venido ocupando casi con exclusividad de la criminología individual, pero ¿Qué tiene que decir la Criminología con respecto a los genocidios y los crímenes de Guerra? Parece que son campos de estudio diferentes.

Dentro del estudio del término de la Criminología se revisan los diferentes conceptos de delitos y victimas, pero donde quedan aquellas personas victimas de guerras y genocidios. Parece existente una cuestión epistemológica de fondo que tiene que ver con la cuestión de la distinción y la separación entre derecho y justicia.

Por último, cabe destacar que, si consideramos los Derechos Humanos como esos principios y normas morales que establecen ciertas pautas para el comportamiento humano, de alguna manera lo estamos ligando directamente a la ciencia de la Criminología, ciencia social que se encarga de la prevención y el tratamiento de esas conductas desviadas.

Por toda la información expuesta se llegan a las siguientes conclusiones:

-. La Criminología enfoca su atención en cuatro aspectos: victima, delito, persona victimaria y presión social, y aunque todas hay que revisarlas en conjunto, cada una de ellas tiene sus relaciones con las libertades y derechos de las personas.

-. Actualmente existe falta de criticidad y profundización entre la relación entre Criminología y los Derechos Humanos.

-. El concepto de Criminología no recoge por los autores la Criminología de guerra, parecen conceptos desligados entre sí.

-. Parece existente una cuestión epistemológica de fondo en los términos de Criminología y Criminología de la Guerra, por una cuestión de la distinción y la separación entre derecho y justicia.

Para futuras investigaciones se hace necesario constatar un ligamen entre los Derechos Humanos y la Criminología como hacerlo y perseguir un perfil más humanista para seguir velando por los Derechos Humanos y libertades de la sociedad. También hay que seguir trabajando para egiptológicamente enlazar el estudio de la Criminología con la Criminología de la Guerra. Tipificar conceptos y unificar el estudio de ambas.

7. REFERENCIAS BIBLIOGRÁFICAS

Alvarado Alcázar, A. (2019). "La criminalización de la protesta social: Un estado de la cuestión". *Revista Rupturas,* 10(1), 25-43. https://doi.org/10.22458/rr.v10i1.2749

Arroyo Juárez, M. (2002). "Derechos Humanos y criminología: un vínculo ignorado". *Economía, sociedad y territorio,* 3(11), 471-487.

Arroyo Zapatero, L. A. (2024). La criminología de la guerra y la política criminal. *Revista Criminalia Nueva Época, 91*(2), 153-162.

Cohen, S. (2000). *States of Denial: Knowing about Atrocities and Suffering,* Polity Press.

Declaración Universal de los Derechos Humanos. Adoptada y proclamada por la Asamblea General de las Naciones Unidas en su resolución 217 A (III), de 10 de diciembre de 1948. (TOL147.461).

Ferrajoli, L. (2013). Criminología, criminalidad global y derecho penal. El debate epistemológico en la Criminología contemporánea. *Crítica penal y poder,* (4) 1-11.

Ferri, E. (2023). Sociología *criminal.* Ediciones Olejnik.

Garofalo, R. (1891). *Criminologia: studio sul delitto e sulla teoria della repressione* (Vol. 2). Fratelli Bocca.

Glueck, S. (1945). War Criminals-Their Prosecution and Punishment-The Record of History. *Law. Guild Rev., 5,* 1.

Harrell Ruiz, R. (2013). *Derechos Humanos y Criminalidad.* UNAM. https://catedraunescodh.unam.mx/catedra/SeminarioCETis/Documentos/Doc_basicos/5_biblioteca_virtual/1_d_h/3.pdf Recuperado el 20 de mayo de 2024.

Hernández Valle, R. (2012). *Prerrogativa y Garantía.* EUNED.

Hikal-Carreón, W. S. (2010). "Criminología y derechos humanos". *Letras jurídicas: revista electrónica de derecho,* 10, 1-16.

Jamieson, R. (1998). *The Criminology of War.* Editorial Routledge.

López Álvarez, H. (1997). "Los derechos humanos en los albores del siglo XIX". *Revista del Senado de la República,* 3(8).

Lombroso, C., Reig, J. L. P., & Reig, M. P. (1975). *Lombroso y la escuela positivista italiana* (No. 51). Editorial CSIC-CSIC Press.

Mannheim, H. (1941). *War and Crime.* London: CA Watts.

Morrison, W. (2012). Criminología, civilización y nuevo orden mundial. *Revista de derecho Penal y Criminología,* (10), 303-306.

Orellana Wiarco, O. A., (2008). *Curso de Derecho Penal.* (4ª ed.). Porrúa.

Orellana Wiarco, O. A. O. (2012). *Criminología: moderna y contemporánea.* Porrúa.

Pérez Pinzón, Á y Pérez Castro, B. (2006). *Curso de Criminología.* Universidad Externado de Colombia.

Ruiz-Funes, M. (1960). *Criminología de la guerra: la guerra como crimen y causa del delito.* Editorial Bibliográfica Argentina.

Tieghi, O.N. (2004). *Tratado de Criminología.* (3ª ed.). Universidad.

Villareal Salazar, J. (2024). "Derechos Humanos y Criminología: una discusión necesaria". *Revista Latinoamericana de Derechos Humanos, 35*(1). DOI: https://doi.org/10.15359/rldh.35-1.8

Zaffaroni, E. R. (2012). El crimen de Estado como objeto de la criminología. *Derechos humanos, reflexiones desde el Sur,* (1) 1-19.

Zúñiga López, R. (2021). *Fundamentos de Criminología.* EUNED.

Los derechos humanos en el cine

N. JANIRE RÁMILA DÍAZ

Resulta difícil seleccionar incluso un pequeño listado de películas con la vulneración de los derechos humanos como telón de fondo, ya que estos abarcan tantos aspectos de la vida humana, que casi toda la filmografía mundial podría analizarse desde esta perspectiva.

Sin embargo, como es necesario realizar tal ejercicio, podría comenzarse tal mención con *Los lunes al sol* (León de Aranoa, 2002), filme de denuncia social en la mejor tradición del costumbrismo español, aquel donde se mezcla drama y comedia, aunque no siempre por partes iguales. Y es que seguir las andanzas de este grupo de parados forzosos, a los que mata la inactividad y el sentimiento de abandono institucional, deja un regusto amargo en el espectador, a semejanza de otra película con la misma temática, aunque esta sí con tintes algo más cómicos como es *Full Monty* (Cattaneo, 1997).

En ambos casos, lo que subyace de fondo es la vulneración del artículo 23 de la Declaración Universal de los Derechos Humanos, donde se dice aquello de que “toda persona tiene derecho al trabajo, a la libre elección de su trabajo, a condiciones equitativas y satisfactorias de trabajo y a la protección contra el desempleo”. Sin embargo, ¿de qué derecho estamos hablando cuando se cierra la empresa en la trabajabas y la alternativa que tienes es el paro para los próximos 20 o 30 años? ¿Cómo afronta una persona en edad de trabajar esta situación? ¿Cómo la afrontan sus familias? ¿Qué sentimientos genera el verse excluido del mundo laboral, pese a las ganas y fuerzas de seguir siendo productivo?

Hoy día estas preguntas son difíciles de encontrar en el cine actual, debido a que el desempleo ya no es una de las principales preocupaciones sociales, pero sí lo es la dificultad de acceder a una vivienda, lo que se emparenta con el artículo 25 de esta Declaración: "Toda persona tiene derecho a un nivel de vida adecuado que le asegure, así como a su familia, la salud y el bienestar, y en especial la alimentación, el vestido, la vivienda, la asistencia médica y los servicios sociales necesarios".

Películas como *Blade Runner* (Scott, 1982), *Ready Player One* (Spielberg, 2018), *Cuando el destino nos alcance* (Fleisher, 1973) o *Dredd* (Travis, 2012) nos hablan de futuros distópicos donde la humanidad vive hacinada y en una constante lucha por los recursos, incluida la vivienda. Y también distópica, pero con un enfoque mucho más actual es la serie *The architect* (Lumer-Klabbers, 2023), cuya premisa es presentar un Oslo en la que presión humana ha provocado que ya no haya lugares adecuados para vivir y que, incluso con un trabajo bien remunerado, la opción sea habitar plazas de garaje separadas por cortinas.

Otra obra de referencia actual es *Los indeseables* (Ly, 2023), pormenorizado estudio de la especulación inmobiliaria que sufren los suburbios parisinos y cómo los intereses económicos y abusivos de algunos pocos pueden empeorar hasta el desastre la vida de muchos otros.

Y como el acceso a la vivienda digna es ya un problema global, he aquí tres documentales procedentes de diversas partes del mundo que intentan concienciar sobre la necesidad de cambiar el actual modelo urbanístico de nuestras capitales: *Citizen Jane* (Tyrnauer, 2016), *City For Sale* (Álvarez, 2020) y *Push* (Gertten, 2019).

Otra cuestión muy debatida en nuestros días es el derecho a la libertad de opinión y de expresión, recogido en el artículo 19, y que incluye el derecho a recibir informaciones y opiniones. Sin trabas, se entiende, aunque el artículo no lo mencione expresamente. Porque eso es precisamente lo que relata *Los archivos del Pentágono* (Sipelberg, 2017), la lucha que realizaron en 1971 los periódicos *The New York Times* y *The Washington Post* para publicar una serie de documentos e informaciones clasificados y relativos a la involucración norteamericana en la Guerra de Vietnam, pese a los intentos de la administración Nixon de ocultarlos a la opinión pública, incluso bajo amenazas a los periodistas que ya tenían dicha información en su poder.

¿Se es más libre cuanta más información se tenga? ¿Toda la información debe ser conocida por la sociedad, incluso la clasificada como secreto de Estado? ¿Una vez que la información ha llegado a un medio y esta ha sido contrastada se le puede prohibir su publicación? ¿Cuál es el papel de los medios de comunicación en la sociedad actual?

Grandes preguntas, para grandes debates.

El genocidio nazi como ejemplo de la importancia de la psicopatía en la vulneración de derechos humanos en los procesos genocidas

N. JANIRE RÁMILA DÍAZ[1]
Profesora de Criminología Clínica
Universidad Europea de Madrid
Facultad de Ciencias Jurídicas, Educación y Humanidades
Departamento de Ciencias Jurídicas y Humanidades
Campus de Villaviciosa, Calle Tajo s/n, 28670, Villaviciosa de Odón, Madrid, España

1. PRESENTACIÓN

En una de las escenas más conocidas de la película *La lista de Schindler* (Spielberg, 1993), Amon Goeth, el comandante del campo de concentración donde se desarrolla la trama central de la historia y que está interpretado por el actor Ralph Fiennes, se asoma, con el torso desnudo, al balcón de su vivienda con vistas a los barracones de los prisioneros y agarra un fusil que tiene apoyado en un lateral. Con cuidado y mientras fuma tranquilamente su cigarrillo, selecciona los objetivos a los que disparar a través del punto de mira del arma: una prisionera que se está atando

1 Este artículo ha sido realizado dentro del grupo de investigación de la Universidad Europea "Análisis de valores ético-jurídicos del siglo XXI en el cine como Innovación docente", con código interno 2022/ UEM33 CIPI/23.118.

los zapatos, otro al que se ve sentado en las escalinatas de uno de los barracones... Todos ellos caen por los efectos de sus disparos, mientras las reacciones de los cientos de prisioneros y guardianes del campo denotan que esa es una conducta más o menos habitual del comandante del campo y que así deben asumirla.

Esta es solo una de las cientas de escenas, de las cientos de películas ambientadas en el Holocausto perpetrado por los nazis, que parecen apuntar a la idea de que aquel régimen estuvo dirigido y nutrido por ciertos personajes que encontraron un entorno propicio para desarrollar su personalidad psicopática sin apenas frenos.

Y, sin embargo, ¿cuál es la verdad tras esta imagen? ¿Cuál pudo ser la influencia de la psicopatía en la génesis y desarrollo del Holocausto nazi?

Como señalan Hare et al. (2022, p. 3) “hay poca investigación fiable sobre como la psicopatía u otros constructos clínicos y trastornos de personalidad influyen en la comprensión del terrorismo”[2]. Incluso, afirman, “la poca investigación que tenemos es anecdótica, especulativa y basada en medidas no validadas del constructo de la psicopatía”.

Por si esto fuera poco, los estudios que sí han logrado basarse en informaciones fiables muestran unos resultados cuanto menos contradictorios. Es el caso de Piccinni et al. (2017, p. 143), quienes afirman que “no hay evidencia de que el comportamiento terrorista sea causado por trastornos psiquiátricos previos o psicopatía”. O de Monahan (2012, p. 179), quien señala que “en ninguna de las sociedades estudiadas hasta la fecha se han encontrado rasgos de personalidad que distingan a quienes practican el terrorismo de quienes se abstienen”.

---

2 En los artículos mencionados se habla del terrorismo como una forma de aglutinar la violencia de Estado, incluyendo los crímenes de lesa humanidad y el genocidio.

Por otro lado, están quienes no rechazan la posible influencia de la psicopatía en los crímenes contra la humanidad y opinan que aún debe ser correctamente estudiada (Bogerts et al., 2018; Gill y Corner, 2017).

Y es que los problemas para evaluar esta posible influencia son varios y muy grandes, comenzando por cuestiones puramente metodológicas como la dificultad de identificar a todos los partícipes de peso político en la comisión de crímenes contra la humanidad, las trabas para acceder a ellos o la mera investigación de los documentos necesarios para poder aplicarles una escala de diagnóstico de la psicopatía, además de tener que enfrentarse a "los factores geopolíticos y conflictivos que dificultan la influencia y los intentos de investigar el terrorismo en general y sus actores en particular" (Hare et al., 2022, p. 3).

No es de extrañar, así, que Victoroff (2005) señalara que este tipo de investigaciones son costosas, éticamente complicadas y hasta peligrosas para los investigadores, por las implicaciones políticas y sociales que podrían generar sus resultados.

El resultado es la carencia ya indicada de estudios científicos sólidos y directos sobre la influencia de la psicopatía en los delitos de genocidio, aunque de forma tangencial sí puede llegarse a consideraciones ciertamente interesantes y a continuación se presentarán algunas de ellas.

2. EL GENOCIDIO NAZI

Como es conocido, los 24 dirigentes nazis que fueron sometidos a los juicios de Núremberg no pudieron ser juzgados por el delito de genocidio, ya que entonces ese tipo penal era inexistente. Sin embargo, y atendiendo a la definición del actual delito de genocidio, sus actos entrarían sin dudarlo en ese tipo penal.

Fue el jurista polaco Raphael Lemkin quien impulsó el reconocimiento internacional del delito de genocidio para "referirse a un nuevo tipo de crímenes colectivos que habían crecido, a su juicio, como una característica novedosa y extrema de la modernidad" (Moreno, 2020, p. 27). El evento histórico que había conmocionado especialmente a Lemkin fue la persecución y exterminio de la población armenia a cargo de los nacionalistas radicales turcos, entre 1915 y 1923, y que más tarde sufriría él mismo al ver cómo 49 de sus familiares perecían bajo el Holocausto judío perpetrado por la Alemania nazi.

En su autobiografía titulada *Totalmente extraoficial*, Lemkin dejó una frase que resumía su pensamiento: "Me di cuenta de que el mundo debía adoptar una ley contra ese tipo de asesinatos raciales o religiosos". El razonamiento que sustentaba tal necesidad lo dejó escrito en un documento presentado para su conferencia sobre Derecho Penal que tuvo lugar, en 1933, en Madrid y a la que finalmente no pudo asistir, precisamente por el miedo de Polonia a soliviantar a un entonces muy eufórico Adolf Hitler: "Cuando una nación es destruida, no es la carga de un barco lo que es destruido, sino una parte sustancial de la humanidad, con toda una herencia espiritual que toda la humanidad comparte" (Hernández Velasco, 2023).

Finalmente, y tras mucho esfuerzo, sus tesis desembocarían en la elaboración de la Convención para la prevención y el castigo del delito de genocidio, aprobada por la Asamblea General de la ONU en 1948.

Según su artículo II, la comprensión del delito de genocidio incluye los siguientes actos, siempre con la intención de "destruir total o parcialmente, a un grupo nacional, étnico, racial o religioso":

- La matanza de miembros de esos grupos.
- Lesionar gravemente la integridad físico o mental de los miembros del grupo al que se quiere destruir.
- Someter intencionalmente a ese grupo a condiciones de vida que los lleven a su destrucción física, ya sea total o parcialmente.

- Aplicar medidas dirigidas a impedir el nacimiento en el seno de ese grupo.
- Trasladar por la fuerza a niños de un grupo a otro grupo.

En el ordenamiento jurídico español, el delito de genocidio figura tipificado en el artículo 607 del Código Penal, alineándose con lo dicho en el Estatuto de Roma, que entró en vigor el 1 de julio de 2002, poniendo también en funcionamiento en esa fecha la Corte Penal Internacional, la cual tiene atribuida la competencia de conocer los delitos de genocidio para los estados firmantes.

En lo referente a la mención de grupo, "hay que entender que se trata de un número relevante de personas relacionadas entre sí por características comunes que las distingan de los demás integrantes de la población", (Díaz Morgado, 2015, como se citó en Balbuena Pérez, 2020, p. 96), siempre teniendo en cuenta que no sirve cualquier grupo, sino los que aparecen enumerados en el precepto y a los que hay que añadir, según la Ley Orgánica 5/2010 española, el grupo determinado por la discapacidad de sus integrantes. De este modo, como señalan Pavón Herradón y Herrero Giménez (2020, p. 112), el bien jurídico protegido es "la existencia misma de un grupo humano, el cual se identifica por su nacionalidad, religión, raza, etnia o discapacidad de sus miembros".

Por su parte, el artículo III señala los actos que son castigados dentro del delito de genocidio:

- El genocidio.
- La asociación para cometer genocidio.
- La instigación directa y pública a cometer genocidio.
- La tentativa de genocidio.
- La complicidad en el genocidio.

Atendiendo a ambos artículos, es indudable que la Alemania nazi practicó el delito de genocidio de forma sistemática, no solo contra la población judía, sino contra otros grupos nacionales como los rusos o grupos étnicos como los gitanos y así se reconoció en la Sentencia del Tribunal del Distrito de Jerusalén 40/61, del proceso seguido contra Adolf Eichmann, indicando que:

> "El 18 de septiembre de 1942 en una conversación entre Himmler y Thierack (...) se acordó, entre otros asuntos, que los 'elementos asociales serían excluidos de cualquier proceso penal, y serían puestos a disposición del Reichsfueher-SS para su exterminio a través del trabajo'. Los grupos referidos eran todos aquellos que se encontraban en detención preventiva: judíos, gitanos, rusos y ucranianos". (p. 98)

No en vano, se calcula que durante el Holocausto fueron asesinados un mínimo de seis millones de judíos y el propio Eichmann, responsable de organizar los aparatos necesarios para aplicar la conocida como Solución Final, en especial el traslado de los prisioneros a los campos de concentración para su exterminio, así lo reconoció en el ya mencionado juicio público celebrado contra él en Jerusalén en 1961.

Como se ha comentado, que en los juicios de Núremberg los enjuiciados se enfrentaran a los cargos de crímenes contra la paz, crímenes de guerra y crímenes contra la humanidad tiene su respuesta en que, para entonces, aún no se había reconocido el delito de genocidio. De haber existido, parece evidente que la mayoría de los encausados habrían sido condenados también por genocidio. Basta observar la relación de hechos realizados contra la población judía que se consideraron probados en los juicios de Núremberg y que Vidal Manzanares (1994) enumera del siguiente modo:

> "La discriminación por razón racial en cuestiones relativas al trabajo, la educación y la vida sexual y afectiva; la utilización de seres humanos como trabajadores esclavos sometidos a condiciones inhumanas (las mismas que Rassinier sabe describir como causantes de una mortalidad del 90 por 100 de los reclusos); los maltratos físicos brutales y continuados, desde la mínima alimentación a la flagelación pasando por la práctica ausencia de cuidados médicos; la esterilización forzosa de hombres y mujeres; el tatuaje del número del recluso en la piel; la realización de experimentos médicos con los prisioneros; la eliminación física directa de niños,

> ancianos y enfermos a través de diversos medios entre los que se encontraron los fusilamientos masivos y las cámaras de gas". (p. 53)

Respecto al artículo III de la Convención para la prevención y el castigo del delito de genocidio, su contenido también sería de aplicación al Holocausto judío perpetrado por los nazis, no solo por su primer punto, también porque los documentos rellenados por los propios nazis demostraron que ese Holocausto estuvo perfectamente diseñado desde las más altas esferas, existiendo, así, una asociación y una complicidad para cometer genocidio.

Ya en 1919, Hitler había escrito que, la "cuestión judía" debía ser resuelta eliminando a todos los judíos de Europa con un plan bien diseñado (Hernández Velasco, 2023). Tarea a la que se encomendó nada más acceder al poder aprobando, el 15 de septiembre de 1935, las Leyes de Núremberg, de corte evidentemente antisemita y cuyo fin era evitar la mezcla racial de los judíos con los alemanes.

Para organizar este aparato represivo desde el Estado, se fueron eligiendo y promocionando a hombres ambiciosos y con cualidades de liderazgo, que estuvieran alineados con la filosofía del régimen y no tuvieran problemas de conciencia para ejecutar las órdenes de Hitler. Ya lo escribieron Fisher et al. (2010, p. 107) "la falta de tabúes y reglas prohibitivas que se encuentran en la guerra puede permitir a los líderes racionalizar comportamientos que serían inaceptables en un contexto diferente".

Algunos de aquellos nombres fueron Hermann Göring, creador de la Gestapo; Heinrich Himmler, ministro del Interior; o Reinhard Heydrich, el cual llegaría a decir que "en un sistema de gobierno totalitario moderno, el principio de la seguridad del Estado no tiene límites, por tanto, el responsable que asuma esa carga debe obligarse a poseer un poder prácticamente sin trabas" (Binet, 2013, p. 53). Y así lo demostró, ganándose el apodo de El carnicero de Praga por los crímenes que cometió como *Reichsprotektor* en el Protectorado de Bohemia y Moravia hasta su muerte por atentado, el 4 de junio de 1942.

Gracias a estos y a otros muchos nombres se instauró y apuntaló un régimen cruel y criminal, lleno de personajes sumamente ambiciosos que, amparados en la defensa de los valores del III Reich, sometieron a una persecución sin escrúpulos a todos aquellos grupos de personas considerados como indeseables, articulando todas las instituciones a su alcance, como la policía o el ejército.

El punto de inflexión en esta dinámica de persecución a los judíos, según los historiadores, se produjo en enero de 1942, cuando el propio Reinhard Heydrich, entonces jefe de la Oficina Central de Seguridad del Reich, convocó a altos funcionarios del aparato estatal y de las SS para reunirse en una casa situada en el suburbio berlinés de Wannsee.

El tema central de la reunión, conocida hoy como la Conferencia de Wannsee, pero llamada por los nazis la Conferencia de Staatssekretäre (subsecretarios del gobierno), era concretar cómo coordinar todos los ministerios para impulsar la Solución Final, ya que "si quería aplicarse a la totalidad de Europa, exigía algo más que la tácita aceptación de la burocracia del Reich, exigía la activa cooperación de todos los ministerios y de todos los funcionarios públicos de carrera" (Arendt, 2006, p. 165).

Entre los aspectos más concretos que se trataron en aquella reunión, que duró apenas una hora y media, estuvo el debate de si se debía matar también a los que tenían mezcla de sangre judía o solo esterilizarlos, de cuáles eran los métodos más efectivos para acabar en masa con los judíos...

Como se ve, los nazis afrontaron aquel debate con una frialdad absoluta y un desconcertante pragmatismo, incluso desde una posición jurídica. Como consecuencia de ello, por ejemplo, se decidió que los judíos no tendrían un vagón o un compartimento aparte en el transporte público, ya que, de tenerlo, podría suceder que los alemanes viajaran hacinados en sus vagones, mientras los judíos fueran más cómodos en los suyos (Binet, 2013).

Ya, por último, ese artículo III también se cumpliría en su apartado "instigación directa y pública a cometer genocidio". Un claro ejemplo de esta instigación a cometer genocidio se encuentra en las mencionadas Leyes de Núremberg. Y es que, en virtud de estas leyes, por ejemplo, las autoridades nazis castigaban las violaciones por parte de alemanes a mujeres judías, pero no su asesinato.

3. LA PSICOPATÍA

La psicopatía se define como un trastorno de la personalidad y de la conducta, caracterizado por rasgos tan definitorios como el escaso sentimiento de culpa, la falta de empatía, el pobre control conductual, la falta de responsabilidad o la impulsividad (Clekley, 1976; Patrick, 2011). Características que imposibilitan al psicópata vivir en sociedad, tal y como explica Hare (2003):

> "Juntas, las piezas del rompecabezas forman la imagen de una persona autocentrada, insensible, sin remordimientos y con una total carencia de empatía y capacidad para entablar relaciones emocionales con los demás. Se trata de una persona que funciona sin las restricciones que nos impone la conciencia. Si piensa en ello, se dará cuenta de que lo que le falta en este perfil son las cualidades que nos permiten vivir en armonía social". (pp. 20-21)

La clave de esta conducta es comprender que en el psicópata no existe la capacidad de mostrar emociones positivas y que todo su esfuerzo se encamina a lograr su beneficio personal, aunque sea a través del uso del engaño, de la mentira y hasta de las amenazas y de la violencia si fuera necesario (Garrido Genovés, 2017).

Aún así, es importante reseñar que no todos los psicópatas mantienen una misma estructura de la personalidad y del comportamiento, de ahí que la escala de diagnóstico de la psicopatía más utilizada, la *Psychopathy Checklist Revised* (PCL-R) se base en una valoración numérica de los 20 ítems que la componen, otorgándose un 0 cuando el rasgo que se evalúa no está presente en el sujeto, un 1 si ese rasgo está presente en una medida mayor a lo que se estima en el general de la población y un 2 si se cree que ese rasgo es definitorio de la conducta o personalidad del sujeto al que se está evaluando.

Una vez evaluados todos los ítems, se suman las puntuaciones y se diagnostica a la persona como psicópata más allá de los 30 puntos, siendo 40 el máximo que se puede alcanzar.

El creador de esta herramienta fue el psicólogo y profesor en la Universidad de la Columbia Británica, Robert D. Hare. Sucesor de los estudios de Hervey Cleckley, fue quien definió, en los años 70-80 del siglo XX, los 20 rasgos característicos de la psicopatía.

TABLA 1. Ítems de la escala Hare PCL.R

Factor 1: Interpersonal/Afectivo	Factor 2: Desviación social
-Locuacidad/encanto superficial -Sensación grandiosa de la autovalía -Mentiras patológicas -Engaños/manipulación -Ausencia de remordimientos y culpabilidad -Escasa profundidad de los afectos -Insensibilidad/falta de empatía -No acepta la responsabilidad de sus acciones	-Necesidad de estimulación/propensión al aburrimiento -Estilo de vida parásito -Escaso control del comportamiento -Problemas de conducta tempranos -Falta de metas realistas a largo plazo -Impulsividad -Irresponsabilidad -Delincuencia juvenil -Revocación de la libertad condicional
Ítems adicionales (Ítems que no se unen a ningún factor)	
-Conducta sexual promiscua -Muchas relaciones matrimoniales -Versatilidad criminal	

Un aspecto muy importante en esta descripción es la división de los rasgos en el Factor 1 –aquellos relacionados con la personalidad– y en el Factor 2 –los relacionados con el comportamiento–.

La importancia de esta división reside, por ejemplo, en que los estudios han demostrado que el tratamiento específico para psicópatas puede lograr resultados positivos en el Factor 2, siendo el Factor 1 mucho más estático y resistente a este tratamiento (Kiehl y Hoffman, 2011; Wilson y Tamatea, 2013).

Sin embargo, es importante realizar también algunas puntualizaciones a lo hasta aquí comentado.

La primera es que la PCL-R, aunque sea la escala de la valoración de la psicopatía más utilizada (Halty Barrutieta y Prieto Ursúa, 2011), no es la única existente para tal fin (Pozueco et al., 2013). Esto es importante reseñarlo ya que, de no hacerlo, podría creerse que la psicopatía es igual a los rasgos definidos en la escala PCL-R y no es así.

La segunda, y relacionada con la apreciación anterior, es que la PCL-R está muy dirigida a la población penitenciaria, por lo que sus resultados pueden verse distorsionados si se aplicara a la población general. Precisamente, el mayor grupo de estimación de la psicopatía, ya que, como se ha demostrado, la inmensa mayoría de los psicópatas no entran en los sistemas de justicia, parece ser que por tener un mayor control de sus conductas –Factor 2– y no ser necesario acudir al delito para alcanzar sus fines, aunque sí mantendrían inalterables sus rasgos de personalidad –Factor 1–. Son los llamados psicópatas integrados o de éxito (Pozueco Romero, 2010; Benning et al., 2018), frente a los otros que serían los psicópatas clínicos, no integrados o sin éxito (Dutton, 2017).

Para otros autores, esta clasificación de integrados y no integrados deriva en la también muy utilizada clasificación de psicópatas primarios –más fríos y calculadores– y psicópatas secundarios –más impulsivos, pero también más favorables al cambio terapéutico– (Cleckley, 1976; Dutton, 2017; Ortega Escolar y Alcázar Córcoles, 2019).

TABLA 2. Características del psicópata primario y del secundario

Características psicópata primario	Características psicópata secundario
-Ausencia de miedo -Utilitarismo moral -Despreocupación por los otros -Persuasión, engaño y manipulación de los otros -Bajo riesgo de suicidio -Más propenso a la tutilización de la agresión instrumental y menos a la agresión reactiva	-Más impulsivos y hostiles -Más sensibles a la recompensa inmediata -Más ansiosos -Consciencia reducida -Minusvaloración -Alto riesgo de suicidio -Más propensos a la utilización de la agresión reactiva y menos a la agresión instrumental

Y todo lo dicho sin importar en demasía la zona geográfica en la que nos encontremos, ya que la psicopatía se ha demostrado estar presente en "toda raza, cultura, sociedad y estilo de vida" (Hare, 2003, p. 19).

En cuanto a su prevalencia, algunos estudios la sitúan entre el 1,23% y el 3,46% de la población general (Ortega Escobar y Alcázar Córcoles, 2019, p. 17), aunque en un metaanálisis realizado por Sanz García et al. (2012, p. 1) se calculó una estimación media del 4,5%, rebajándose esa cifra al 1% si se aplicara el PCL-R como única herramienta diagnóstica.

Una mayor presencia ha encontrado Hare (2000, p. 24) entre la población penitenciaria, situándola en el 25%. Es una cifra que no difiere en demasía de la estimada por otros autores, que la sitúan entre el 15% y el 25%.

La pregunta es, si la proporción de psicópatas en la población general es tan alta, ¿por qué no todos pasan por la cárcel? Y la repuesta es que la conducta del psicópata, aunque pareciera que está abocada directamente hacia el delito por sus características ya descritas, no siempre es así. Su conducta está orientada a lograr sus objetivos personales a través del control de las personas de su entorno, lo que no implica necesariamente el empleo de la violencia o la caída en el delito (Pozueco Romero, 2011). Solo en aquellos casos donde la manipulación, el engaño, la mentira... no da los frutos deseados, el psicópata recurrirá -y no siempre- a la violencia.

Es la llamada violencia instrumental o proactiva, la que se emplea para conseguir algo concreto; en contraposición a la violencia reactiva, la ejercida como respuesta a una amenaza o a una provocación percibida (Meloy, 1997).

4. LA INFLUENCIA DE LA PSICOPATÍA EN EL GENOCIDIO NAZI

Como se ha indicado, existe una clara ausencia de estudios que midan la influencia de la psicopatía en episodios de genocidio o de crímenes de lesa humanidad. De ahí frases como la de Zepinic (2018, como se citó en Hare et al., 2022, p. 5), señalando que "los psicópatas en el poder están involucrados en crímenes contra la humanidad, utilizan el terrorismo como metodología en lugar de ideología, no se consideran criminales y rara vez, o nunca, son evaluados para detectar su psicopatía". O la de Ferguson y McAuley (2021, como se citó en Hare et al., 2022, pp. 5-6) afirmando, en un sentido totalmente contrario, que "el contexto comunitario y social, junto con las fuerzas ideológicas globales", pueden explicar mejor estos comportamientos criminales, por parte de dirigentes estatales, que los rasgos de personalidad.

Parece indudable que, en virtud de las teorías sistémicas del delito, la unión de ambas posturas -la posible influencia de los rasgos de personalidad y la del contexto comunitario y social- sería la clave para entender cuál pudo ser el nivel de la influencia de la psicopatía en el genocidio nazi.

El problema para dirimirlo es el ya apuntado: las grandes dificultades metodológicas que tiene ese análisis, una vez pasados 80 años del genocidio nazi hacia el pueblo judío.

Sin embargo, existen una serie de estudios que pueden ayudar a entender el alcance de estas posibles influencias en la gestión y el desarrollo del genocidio nazi, tanto en la actuación de sus máximos dirigentes como en la de sus subordinados.

4.1. CRÍMENES CONTRA LA HUMANIDAD EN CHILE

En 2022, Hare et al., publicaron el estudio *Psychopathy and crimes against humanity: A conceptual and empirical examination of human rights violators*. La finalidad era, según relatan, analizar la posible presencia de psicopatía "entre hombres condenados por crímenes de lesa humanidad, cometidos mientras prestaban servicio en el ejército o en fuerzas policiales y/o de seguridad durante el régimen de Pinochet en Chile" (p. 5).

La premisa consistía en que "la Guerra Fría, el ascenso del socialismo, el miedo al comunismo, los problemas económicos, la nacionalización de industrias y la intervención estadounidense en los asuntos chilenos influyeron en las actitudes y comportamientos políticos y militares" (p. 3) y que, para hacer frente a estas cuestiones, se creó un sistema político y económico, bajo la dictadura de Pinochet, que fomentaba y premiaba conductas que, en otro contexto, hubieran resultado imposibles de instaurar, por su carácter poco ético e incluso ilegal.

Un sistema, en definitiva, que atrajo a hombres sumamente ambiciosos, alineados con el régimen y sin preocupación por la moralidad de sus acciones, todas ellas características inherentes al psicópata.

Para desarrollar el estudio, estos investigadores analizaron tres muestras diferentes.

La primera estuvo formada por 101 voluntarios, todos antiguos miembros del Ejército o de la Policía y condenados por crímenes de lesa humanidad cometidos durante la mencionada dictadura y encarcelados posteriormente en una prisión construida, en 1995, para albergar a reclusos con condenas por violaciones de derechos humanos.

Los crímenes de lesa humanidad están recogidos en el Estatuto de Roma de la Corte Penal Internacional, concretamente en su artículo 7, y comprenden:

> "Las conductas tipificadas como asesinato, exterminio, deportación o desplazamiento forzoso, encarcelación, tortura, violación, prostitución forzada, esterilización forzada, persecución por motivos políticos, religiosos, ideológicos, raciales, étnicos u otros definidos expresamente, desaparición forzada, secuestro o cualesquiera actos inhumanos que causen graves sufrimientos o atenten contra la salud mental o física de quien los sufre, siempre que dichas conductas se cometan como parte de un ataque generalizado o sistemático contra una población civil y con conocimiento de dicho ataque". (Serrano Gómez et al., 2021, pp. 980-981)

Es decir, que, a diferencia del genocidio, estos actos no se dirigirían aquí contra grupos concretos.

Continuando con la edad de la primera muestra, su edad se movía entre los 50 y 90 años, con una media de 71 años. Esto significaba que, al comienzo del régimen, la mayoría tendría entre 20 y 30 años, siendo todos graduados de la Escuela de las Américas, "donde desarrollaron técnicas y habilidades para el interrogatorio, la tortura y el asesinato de sospechosos de ser comunistas" (Hare et al., 2022, p. 6).

Es importante reseñar que ninguno de ellos tuvo un trastorno mental o cognitivo diagnosticable mientras estuvieron en activo o posteriormente en prisión y que el abuso de sustancias documentado fue muy raro.

La segunda muestra se formó con 209 delincuentes recluidos en un penal chileno. Su edad osciló entre los 20 y 69 años, situándose la media de edad en los 35,5 años. En este caso, su educación era bastante deficiente, ya que solo el 30% había asistido a la escuela secundaria o al instituto técnico.

Además, el abuso de sustancias entre sus componentes era alto, encontrándose que el 56,5% tenía problemas con el alcohol y el 76,1% también con otras drogas.

Y ya, por último, la tercera muestra la conformaron 101 hombres elegidos al azar y pertenecientes a la población común, con trabajos muy variados, con edades entre los 50 y los 87 años y con una media de edad de 64 años. No se encontraron en ellos problemas cognitivos ni indicios de enfermedad mental, aunque el 14,9% presentaba abuso de alcohol y el 28,7% de otras drogas, principalmente marihuana. Su nivel educativo era bueno en líneas generales.

A todos ellos se les aplicó la herramienta PCL-R adaptada al castellano y se buscó información colateral para sustentar las puntuaciones de los diferentes ítems, algunos de los cuales no pudieron ser aplicados por las características de la muestra concreta, con lo que "se prorrateó la puntuación a una escala de 20 ítem, siguiendo las pautas del PCL.R" (pp. 6-7).

Los resultados del estudio indicaron, en primer lugar, que las puntuaciones obtenidas en la herramienta PCL-R eran prácticamente las mismas entre los integrantes de la primera y la segunda muestra y que sus integrantes obtuvieron puntuaciones mucho más altas que los de la tercera muestra.

Sin embargo, en cuanto al Factor 1, fueron los integrantes de la primera muestra los que obtuvieron puntuaciones más altas. En cuanto al Factor 2, ahora fueron los integrantes de la segunda muestra los que alcanzaron mayores puntuaciones.

Este hecho demostró que aquellos condenados por crímenes de lesa humanidad presentaban una disposición extrema al trato egoísta, insensible y despiadado hacia los demás, con una ausencia constatable de remordimiento o de culpa, aunque no tuvieran antecedentes por delitos violentos antes de su entrada en el Ejército o la Policía.

No solo eso, sino que cuanto más rango ostentaban dentro del Ejército o de la Policía los integrantes de esta muestra, más altas eran las puntuaciones en el Factor 1.

Para los autores del estudio, estos datos constataban lo que ya habían apuntado de que el régimen de Pinochet fomentó y promovió a aquellos que más fácilmente podían adaptarse a una nueva cultura del caos y violencia, dirigida a la supresión del comunismo y de los contrarios políticos en el país. Así, las personas con rasgos psicopáticos muy pronunciados fueron de gran ayuda en esa tarea, al cumplir con las órdenes recibidas sin cuestionar su moralidad o legalidad y estar siempre dispuestos a continuar acatándolas.

4.2. LAS PRESIONES DEL ENTORNO

Ahora bien, todos estos sujetos que alcanzaron altas puntuaciones en la herramienta PCL-R, especialmente en el Factor 1, ¿estaban predispuestos a desarrollar esos rasgos psicopáticos igualmente o estos rasgos surgieron y se desarrollaron durante su pertenencia en el Ejército y en la Policía?

Dicho de otro modo, ¿esos rasgos psicopáticos hubieran aparecido sin la influencia de aquel entorno concreto? Y aún más, ¿también los miles de alemanes que apoyaron, participaron y/o ocultaron la persecución nazi a los judíos actuaron por los mismos factores que los descritos en el estudio de Hare et al.? Se alude así a la sempiterna rivalidad entre la influencia de los factores disposicionales y los situacionales.

Precisamente, al estudio de la influencia del entorno sobre el comportamiento humano ha dedicado gran parte de su trayectoria profesional el psicólogo social Philip Zimbardo.

En su célebre experimento de la prisión de Stanford, realizado en el verano de 1971 y en el que unos estudiantes asumieron el rol de carceleros durante unos días y otros el de reclusos, Zimbardo se encontró con que algunos de aquellos estudiantes que fueron elegidos al azar para actuar como carceleros desarrollaron muy pronto conductas de abuso amparadas en el poder recibido, desembocando incluso en sadismo al degradar y humillar a los compañeros que actuaban como reclusos. En gran parte, esa conducta fue posible porque otros estudiantes, también bajo el rol de carceleros, no hicieron nada para impedir tales conductas. "Ninguno se quejó al personal, ni salió antes de su turno, ni entró a trabajar más tarde, ni se negó a hacer horas extra cuando hubo alguna emergencia" (Zimbardo, 2008, p. 288).

A la par, los estudiantes que actuaron como reclusos desarrollaron muy pronto un síndrome caracterizado por la pasividad, la dependencia y la depresión, provocando que la mitad de ellos debieran ser liberados mucho antes de lo previsto inicialmente por sufrir trastornos graves de tipo emocional y cognitivo (Kulig et al., 2016).

Como explica Zimbardo, "ni los carceleros ni los reclusos se podían calificar de manzanas podridas antes de que cayeran bajo el poderoso influjo del cesto podrido en el que los colocamos" (Zimbardo, 2008, p. 273). Y es que la tesis de este psicólogo es que el conocimiento que todos tenemos de nuestro propio comportamiento procede de nuestras experiencias en situaciones más o menos cotidianas, amparadas en reglas, leyes, costumbres... pero que cuando nos encontramos en un entorno desconocido, donde nuestros viejos hábitos no bastan para saber movernos, podríamos actuar de una forma totalmente inesperada, incluso para nosotros mismos, debido al influjo del entorno y a las poderosas presiones que este puede ejercer sobre nuestra psique.

Es precisamente lo que sucedió en el experimento de la prisión de Stanford, donde "los roles, las normas y las reglas, el anonimato de las personas y del lugar, los procesos deshumanizadores, las presiones para obtener conformidad, la identidad colectiva y tantas cosas más" (p. 273) provocaron cambios muy profundos en el comportamiento de sus participantes.

Un proceso que se ha observado con terribles consecuencias, en tragedias reales como el genocidio cometido, en 1994, en Ruanda, cuando las fuerzas armadas del país, dominadas por integrantes de la etnia hutu, iniciaron una persecución para acabar con la vida de los líderes tutsi y de los hutus más moderados de una forma metódica, simplemente por la pertenencia a esa etnia tutsi.

Una ola de crímenes que "se vio favorecida por una campaña de incitación al odio y a la violencia contra los tutsis, trasladada a la población a través de los medios de comunicación de una manera sistemática y contando con una detenida planificación" (Guinea Bonillo, 2020, p. 193) que comenzó por la deshumanización del otro para facilitar su exterminio, equiparando a los tutsis con cucarachas o afirmando que tenían sangre de serpiente. El resultado: 800.000 muertes en apenas 100 días de masacre (Drury, 2019; Navarro, 2023).

Al igual que en la prisión de Stanford, la deshumanización de los tutsis o de los judíos en la Alemania nazi se vio favorecida por algunos de los aspectos que Zimbardo señala como esenciales para que este proceso tenga éxito: el anonimato y la desindividualización de los agresores, el respaldo social a sus conductas criminales, la obediencia a la autoridad y la disonancia cognitiva.

Esta disonancia cognitiva se entiende como "un estado de tensión que puede provocar un cambio en la conducta pública de la persona o en sus creencias privadas en un intento de reducir esa tensión" (Zimbardo, 2008, p. 304). De tal forma, que la persona intenta revestir de coherencia a sus conductas que chocan con sus creencias. Así, "el efecto de la disonancia es mayor cuanto menor es la justificación para estas conductas" (p. 304).

4.3. LA OBEDIENCIA DEBIDA

Lo importante, señala Zimbardo, es que los creadores de este entorno, capaz de modificar nuestra conducta y hacernos incurrir en persecuciones al diferente a través de una deshumanización bien orquestada, pertenecen a la élite de un poder "que con frecuencia actúa entre bastidores; son los que organizan en gran medida las condiciones de nuestra vida y nos obligan a dedicar nuestro tiempo a los marcos institucionales que construyen" (p. 32).

A este asidero de la obediencia debida se aferraron los enjuiciados en los juicios de Núremberg, alegando que solo siguieron las órdenes de Hitler para justificar su participación en el Holocausto judío. Pero sus peticiones no fueron estimadas por el tribunal, amparándose en una respuesta que sería incorporada al ordenamiento penal europeo y por la que "la obediencia debida en la perpetración de estos crímenes –genocidio–, atendiendo a órdenes de la autoridad del tipo que sea, no constituye nunca una causa de justificación o permiso que elimine la antijuridicidad de estas conductas" (Balbuena, 2020, p. 105).

Sin embargo, esta explicación jurídica no satisfizo las ansias de respuesta que el psicólogo social Stanley Milgram tenía ante su asombro por la facilidad con la que miles de nazis habían asesinado obedientemente a los judíos y diseñó una serie de experimentos para averiguar la influencia que ejerce la autoridad en las personas a nivel conductual: "El impacto del Holocausto en mi psique activó mi interés por la obediencia y determinó la forma concreta de examinarla" (Blass, 1999, p. 62).

Bajo el anuncio de participar en un estudio para mejorar el aprendizaje y la memoria, a los participantes que acudieron a la Universidad de Yale se les dividió por parejas. Uno realizaría las funciones de maestro y el otro las de alumno. El primero daba una serie de pares de palabras al segundo para que las memorizara. Luego, durante la prueba, el maestro decía palabras clave al alumno a las que este debía responder correctamente con su par correspondiente.

Si el alumno respondía correctamente, el maestro le recompensaba halagándole, pero, si fallaba, accionaba un interruptor que provocaba una descarga eléctrica al alumno como castigo. Para asegurar que recibía el castigo, el alumno estaba atado con correas a una silla y con un electrodo en la muñeca derecha, por donde iba recibiendo las descargas. La primera descarga era de 15 voltios, pero, por cada error, la descarga aumentaba en 15 voltios hasta un máximo de 450.

Para que el maestro fuera consciente del dolor que podía provocar, el panel de mandos desde donde apretaba el interruptor tenía varios carteles con los nombres de "descarga fuerte", "descarga muy fuerte", "descarga violenta" y "peligro, descarga muy violenta".

El experimentador observaba todo y podía comunicarse con los participantes directamente, de tal forma, que, aunque el alumno se quejase por el dolor, el maestro podía dar las órdenes de que se continuara con el experimento, ya que para eso se habían presentado como voluntarios, siendo lo importante llegar a su final.

El resultado fue que dos de cada tres voluntarios (el 65%) llegaron hasta el final del experimento y administraron la descarga máxima de 450 voltios, pese a las súplicas de los alumnos de no querer continuar. Hay que pensar que la tensión, el miedo... hacían a los alumnos fallar cada vez más fácilmente el ejercicio, por lo que las descargas que, al comienzo pudieron ser anecdóticas, luego fueron la constante.

Con ello, Milgram demostró que las personas obedecemos más y mejor, aunque ello suponga dañar a otros, cuando esas órdenes están revistadas de autoridad, exista algún modo de que se diluya nuestra responsabilidad en las propias acciones, el daño que provoquemos vaya creciendo poco a poco, se dé un sentido o finalidad útil a nuestros actos o que nos sea más costoso no obedecer y más favorable el hacerlo.

La validez de estas máximas ha venido refrendada por experimentos parejos a lo largo de las décadas, como el realizado por Hofling et al. (1966), en el que la pregunta de investigación era: ¿Cuándo una enfermera es capaz de desobedecer la orden de un médico a sabiendas de que tal orden es incorrecta?

Para responderla, 22 enfermeras reales recibieron durante su turno de trabajo la llamada telefónica de una persona que afirmaba ser el médico de guardia, pero al que no conocían.

En esa llamada, el médico les ordenaba administrar inmediatamente una dosis de 20 mililitros de Astrogen a un paciente para ir ganando tiempo y que, cuando él llegara al hospital, firmaría el documento de prescripción. El problema no era solo la administración del medicamento sin la correspondiente firma haciendo caso a una persona desconocida por teléfono, sino que, según la etiqueta del Astrogen, la dosis normal era de 5 mililitros y la máxima recomendada de 10. Por supuesto, los pacientes no corrían riesgo ya que el medicamento se había sustituido secretamente por un placebo.

El resultado fue que todas las enfermeras, menos una, administraron la dosis ordenada antes de saber que todo se trataba de un experimento.

4.4. LA BANALIDAD DEL MAL

Cuando Milgram presentó su experimento a un grupo de 40 psiquiatras -obviando los resultados- y les preguntó qué porcentaje de los participantes pensaban habrían llegado a los 450 voltios, estos le respondieron que menos del 1%, ya que casi nadie podía ostentar tal nivel de sadismo.

El error en esta apreciación fue identificar la obediencia y el contexto en el que esta se produjo con el sadismo, diferencia que la filósofa israelí Hannah Arendt entendió perfectamente durante su investigación de la figura de Adolf Eichmann y que desembocaría en su libro *Eichmann en Jerusalén.*

Tras la caída definitiva del III Reich, en mayo de 1945, Adolf Eichmann había logrado salir de Europa recalando en Argentina, motivo por el cual se libró de ser sentenciado en los juicios de Núremberg.

Sin embargo, su captura se convirtió en una obsesión para los servicios de inteligencia israelíes. Hasta la noche del 11 de mayo de 1960, cuando agentes del Mossad lograron detenerle en un suburbio de Buenos Aires y trasladarlo en avión, nueve días después, rumbo a Jerusalén, donde compareció en juicio el 11 de abril de 1961 (Sadurní, 2023). El fiscal Guideon Hausner le acusó de 15 delitos que comprendían los de genocidio, crímenes contra el pueblo judío, crímenes contra la humanidad y crímenes de guerra. En virtud de la Ley de Nazis y Colaboradores Nazis de 1950, la sentencia podía ser la pena de muerte. El problema era el modo en el que Eichmann había sido llevado a Israel:

> "El proceso comenzó con un ilícito internacional, ya que suscitaba la posibilidad de que Israel hubiese incurrido en responsabilidad internacional por la violación de la soberanía argentina, debido a la presencia de agentes del Estado israelí que perpetraron el secuestro y el transporte de Adolf Eichmann a Jerusalén". (González Ibáñez, 2020, pp. 177-178)

Finalmente, y tras una rápida negociación, Argentina aceptó las disculpas de Israel y el proceso judicial no fue deslegitimado. Tras la lectura de los cargos, Eichmann se declaró totalmente inocente, afirmando que solo cumplía órdenes de sus superiores:

> "Ninguna relación tuve con la matanza de judíos. Jamás di muerte a un judío, ni a persona alguna, judía o no. Jamás he matado a un ser humano. Jamás di órdenes de matar a un judío o a una persona no judía. Lo niego rotundamente". (Arendt, 2006, p. 41)

Pero, tras el análisis de los miles de documentos presentados y la escucha de decenas de víctimas, sus alegaciones no fueron estimadas y Eichmann fue encontrado culpable de crímenes contra la humanidad y ejecutado en la horca, el 1 de junio de 1962.

Durante el juicio, Eichmann no mostró ser un débil mental, ni un doctrinario ni un sanguinario, sino un frío burócrata del Estado, encargado de gestionar con eficacia la Solución Final contra los judíos y otras etnias y grupos nacionales y políticos. Esta imagen llamó la atención de Hannah Arendt, quien elaboró un profundo estudio sobre la personalidad de Eichmann, aprovechando el proceso judicial y que tituló, de forma completa, *Eichmann en Jerusalén. La banalidad del mal.*

El subtítulo del estudio hace referencia a que, para Arendt, Eichmann era un hombre completamente ordinario, buen esposo, buen padre, obediente hacia sus superiores, eficaz en su trabajo... y así lo decretaron también los psiquiatras que lo examinaron.

> "No, Eichmann no era estúpido. Únicamente la pura y simple irreflexión –que en modo alguno podemos equiparar a la estupidez– fue lo que le predispuso a convertirse en el mayor criminal de su tiempo. Y si bien esto merece ser clasificado como banalidad, e

> incluso puede parecer cómico, y ni siquiera con la mejor voluntad cabe atribuir a Eichmann diabólica profundidad, también es cierto que tampoco podemos decir que sea algo normal o común (...) En realidad, una de las lecciones que nos dio el proceso de Jerusalén fue que tal alejamiento de la realidad y tal irreflexión pueden causar más daño que todos los malos instintos inherentes, quizá, a la naturaleza humana". (Arendt, 2006, p. 418)

5. CONCLUSIONES

Como conclusiones a todo lo dicho, puede concretarse que, a tenor de la actual legislación internacional y de la nacional -en el caso de España-, la persecución y posterior exterminio realizado a instancias del régimen nazi contra la población judía, entre 1933 y 1945, sería constitutiva hoy de un delito de genocidio si se sometiera a juicio.

En cuanto a la posible incidencia e influencia que la psicopatía pudo ostentar en esta persecución y exterminio, es difícil dirimirlo hoy en día, debido a los múltiples problemas metodológicos que requeriría tal estudio, comenzando por la imposibilidad de realizar las entrevistas que tan valiosa información pueden dar sobre la personalidad y el comportamiento de los evaluados.

Sin embargo, y de una forma tangencial, existen estudios análogos, como el realizado por Hare et al. (2022), donde se demuestra que la psicopatía tiene una fuerte incidencia en regímenes involucrados en crímenes contra la humanidad, especialmente en los cargos más altos pertenecientes al ejército y a las fuerzas de seguridad. Esto es así porque estos regímenes priman la entrada de personas ambiciosas, muy alineadas con su ideología y capaces de ejecutar las órdenes que se den contra los disidentes y opositores políticos, sin que ello les provoque problemas morales o de conciencia.

Son esos propios regímenes los que forman a estas personas en las técnicas que ellos consideran necesarias para alcanzar sus objetivos políticos, aprovechando las especiales características de personalidad de estos individuos ya mencionadas.

En este proceso encuentran acomodo las tesis de Philip Zimbardo, señalando cómo un entorno donde prima la deshumanización, el anonimato, las órdenes injustas revestidas de autoridad o la dilución de la responsabilidad personal en los actos injustos pueden provocar modificaciones en la conducta de personas que nunca sospecharon ser capaces de perseguir al señalado como diferente o enemigo del Estado. Y es aquí donde se encuadrarían la mayoría de los partícipes en el genocidio nazi, aquellos miles de alemanes que participaron en la persecución de los judíos, sin la necesidad de ostentar cargos relevantes de poder.

Y es que, para verse influenciado por este entorno descrito por Zimbardo a partir de sus experimentos, no es necesario tener una personalidad con rasgos psicopáticos marcados, sino ser una persona perfectamente alineada con el poder, con sus estructuras y el influjo del entorno, incurriendo en lo que Arendt denominó "la banalidad del mal".

Además, al tratarse de personas sin antecedentes de comportamiento antisocial, antes de su entrada en las estructuras del Estado, sus puntuaciones en la herramienta PCL suelen ser más altas en el Factor 1 que en el Factor 2, siendo esa estructura de personalidad psicopática la que posibilita las futuras conductas antisociales.

6. REFERENCIAS BIBLIOGRÁFICAS

Arendt, H. (2006). *Eichmann en Jerusalén.* DeBolsillo.

Balbuena Pérez, D.E. (2020). "Análisis de los delitos de genocidio tras las últimas reformas penales en España". En Rámila, N.J., Hellman, J., Balbuena, D.E. y Sansó-Rubert, D. (Coords), *El delito de genocidio. Desafíos pasados, presentes y futuros, analizados 70 años después de su codificación internacional* (pp. 93-107). Wolters Kluwer.

Benning, S.D., Venables, N.C. y Hall, J.R. (2018). "Successful psychopathy". En Patrick, C.J. (Ed), *Handbook of psychopathy* (pp. 585-608). The Guilford Press.

Binet, L. (2013). *HHhH.* Booket.

Blass, T. (1999). *Obedience to Authority: Current Perspectives on the Milgram Paradigm.* Lawrence Erlbaum.

Bogerts, B., Schöne, M. y Breitschuch, S. (2018). "Brain alterations potencially associated with aggression and terrorism". *CNS Spectrums,* 23, 129-140. DOI: https://doi.org/10.1017/S1092852917000463

Cleckley, H. (1976) *The mask of sanity.* Mosby.

Convención para la prevención y la sanción del delito de genocidio, aprobado por la Asamblea General de las Naciones Unidas, el 9 de diciembre de 1948. *Boletín Oficial del Estado,* 34, 1944-1945, de 8 de febrero de 1969. (TOL117.700)

Drury, F. (2019). 25 años del genocidio de Ruanda: el drama oculto de los miles de hijos de mujeres violadas durante la masacre contra los tutsis. *BBC News.* https://www.bbc.com/mundo/noticias-internacional-48696826#:~:text=Se%20cree%20que%20el%20genocidio,dej%C3%B3%20cerca%20de%20800.000%20muertos. Recuperado el 24 de marzo de 2024.

Dutton, K. (2017). *La sabiduría de los psicópatas.* Ariel.

Fisher, K., Hutchings, K. y Sarros, J.C. (2010). "The "bright" and "shadow" aspects of in extremis leadership". *Militar Psychology,* 22(Suppl 1), 89-116. https://doi.org/10.1080/08995601003644346

Gill, P. y Corner, E. (2017). "There are back again: The study of mental disorder and terrorist involvement". *American Psychologist,* 72, 231-241. DOI: 10.1037/amp0000090

Garrido Genovés, V. (2017). *Cara a cara con el psicópata.* Ariel.

González Ibáñez, J. (2020). "El genocidio gitano en el Tribunal Militar Internacional de Núremberg y en el proceso de Eichmann en Jerusalén". En Rámila, N.J., Hellman, J., Balbuena, D.E. y Sansó-Rubert, D (Coords), *El delito de genocidio. Desafíos pasados, presentes y futuros, analizados 70 años después de su codificación internacional* (pp. 157-190). Wolters Kluwer.

Guinea Bonillo, J. (2020). "El genocidio de Ruanda y la respuesta de la Unión Europea". En Rámila, N.J., Hellman, J., Balbuena, D.E. y Sansó-Rubert, D. (Coords), *El delito de genocidio. Desafíos pasados, presentes y futuros, analizados 70 años después de su codificación internacional* (pp. 191-211). Wolters Kluwer.

Halty Barrutieta, L. y Prieto Ursúa, M. (2011). *Psicopatía subclínica y la triada oscura de la personalidad.* Editorial Académica Española.

Hare, R.D. (2000). "La naturaleza del psicópata: Algunas observaciones para entender la violencia depredadora humana". En A. Raine. y J. Sanmartín. (Coords), *Violencia y psicopatía* (pp. 15-58). Ariel.

Hare, R.D. (2003). *Sin conciencia.* Paidós.

Hare, R.D., León-Mayer, E., Rocuant, J., Folino, J. y Neumann, C.S. (2022). "Psychopathy and crimes against humanity: A conceptual and empirical examination of human rights violators". *Journal of Criminal Justice,* 81. https://doi.org/10.1016/j.jcrimjus.2022.101901

Hernández Velasco, I. (2023). Raphael Lemkin, el hombre que inventó la palabra "genocidio". *BBC News.* https://www.bbc.com/mundo/articles/c90xll9kg1wo_Recuperado el 24 de marzo de 2024.

Hofling, C.K., Brotzman, E, Dalrymple, S., Graves, N. y Pierce, C.B. (1966). "An Experimental Study in Nurse-Physician Relationships". *Journal of Nervous and Mental Desease,* 143(2), 171-180. DOI: 10.1097/00005053-196608000-00008

Instrumento de Ratificación del Estatuto de Roma de la Corte Penal Internacional, hecho en Roma el 17 de julio de 1998. *Boletín Oficial del Estado,* 126, 18824-18860, de 27 de mayo de 2002. (TOL4.493.977)

Kiehl, K.A. y Hoffman, M.B. (2011). "The criminal psychopath: History, neuroscience, treatment, and economics". *Jurimetrics,* 51, 355-397.

Kulig, T.C., Pratt, T.C. y Cullen, F.T. (2016). "Revisiting the Stanford Prison Experiment: A Case Study in Organized Skepticism". *Journal of Criminal Justice Education,* 28, 74-111. https://doi.org/10.1080/10511253.2016.1165855

Lemkin, R. (2018). *Autobiografía de Rafael Lemkin. Totalmente Extraoficial.* Berg Institute.

Ley Orgánica 5/2010, de 22 de junio, por la que se modifica la Ley Orgánica 10/1995, de 23 de noviembre, del Código Penal. *Boletín Oficial del Estado,* 152, 54811-54883, de 23 de junio de 2010. (TOL1.867.500)

Meloy, J.R. (1997). "The psychology of wickedness: Psychopathy and sadism". *Psychiatric Annals,* 27(9), 630-633. DOI: 10.3928/0048-5713-19970901-10

Monahan, J. (2012). "The individual risk assessment of terrorism". *Psychology, Pulic, and Law,* 18, 167-205. DOI:10.1037/a0025792

Moreno Feliu, P. (2020). "A la búsqueda de las raíces coloniales: Antropología y genocidio". En Rámila, N.J., Hellman, J., Balbuena, D.E. y Sansó-Rubert, D (Coords), *El delito de genocidio. Desafíos pasados, presentes y futuros, analizados 70 años después de su codificación internacional* (pp. 27-51). Wolters Kluwer.

Navarro, F. (2023). 800.000 asesinatos en cien días: el genocidio de Ruanda. *Muy Interesante.* https://www.muyinteresante.com/historia/60305.html Recuperado el 24 de marzo de 2024.

Ortega Escobar, J. y Alcázar Córcoles, M.A. (2019). *Agresión y psicopatía.* Pirámide.

Patrick, C.J. (2011). "Emociones y psicopatía". En A. Raine y J. Sanmartín (Eds.), *Violencia y psicopatía* (89-113). Ariel.

Pavón Herradón, D. y Herrero Giménez, R. (2020). "¿Nuevos límites a la libertad de expresión? Apuntes al delito de negación de genocidio. Especial referencia al elemento subjetivo del injusto". En Rámila, N.J., Hellman, J., Balbuena, D.E. y Sansó-Rubert, D (Coords), *El delito de genocidio. Desafíos pasados, presentes y futuros, analizados 70 años después de su codificación internacional* (pp. 109-130). Wolters Kluwer.

Piccini, A., Marazziti, D. y Veltri, A. (2017). "Psychopathology of terrorists". *CNS Spectrums*, 23, 141-144. DOI: https://doi.org/10.1017/S1092852917000645

Pozueco Romero, J.M. (2010). *Psicópatas integrados.* Editorial EOS.

Pozueco Romero, J.M. (2011). *Psicopatía, trastorno mental y crimen violento.* Editorial EOS.

Pozueco Romero, J.M., Moreno Manso, J.M., Blázquez Alonso, M. y García-Baamonde Sánchez, M.E. (2013). "Psicópatas integrados/ subclínicos en las relaciones de pareja. Perfil, maltrato psicológico y factores de riesgo". *Papeles del psicólogo.* Vol. 34(1), 32-48.

Sadurní, J.M. (2023). Adolf Eichmann, el esquivo criminal de Guerra nazi. *Historia National Geographic.* https://historia.nationalgeographic.com.es/a/adolf-eichmann-esquivo-criminal-guerra-nazi_14289 Recuperado el 24 de marzo de 2024.

Sanz-García, A., Gesteira, C., Sanz, J. y García-Vera. M.P. (2021). "Prevalence of Psychopathy in the General Adult Population: A Systematic Review and Meta-Analysis. *Front". Psychol.* 12. DOI: https://doi.org/10.3389/fpsyg.2021.661044

Sentencia del Tribunal del Distrito de Jerusalén 40/61, de 1961.

Serrano Gómez, A., Serrano Maíllo, A., Serrano Tárraga, M.D. y Vázquez González, C. (2021). *Curso de Derecho Penal. Parte Especial.* (6ª ed.). Dykinson.

Victoroff, J. (2005). "The mind of terrorist: A review and critique of psychological approaches". *Journal of Conflict Resolution,* 49(1), 3-42. https://doi.org/10.1177/0022002704272040

Vidal Manzanares, C. (1994). *La revisión del Holocausto.* Anaya & Mario Muchnik.

Wilson, N.J. y Tamatea, A. (2013). "Challenging the 'urban myth' of psychopathy untreatability: The High-Risk Personality Programme". *Psychology, Crime & Law,* 19(5-6), 493-510. DOI: 10.1080/1068316X.2013.758994

Zimbardo, P. (2008). *El efecto Lucifer.* Paidós.

El delito de genocidio en el cine

N. JANIRE RÁMILA DÍAZ

El delito de genocidio ha sido un tema bastante recurrente en el cine y la televisión. Una de las primeras películas que lo trató fue *¿Vencedores o vencidos?* (Kramer, 1961), en la que se recreaban los Juicios de Nüremberg, no solo desde una perspectiva jurídica, también filosófica, de ahí el título interrogativo del filme. Aunque, a decir verdad, el título en español fue una licencia creativa de los traductores, ya que su nombre en inglés es simplemente *Judgment at Nüremberg*.

Desde la mirada del juez norteamericano que intervendrá en el proceso, interpretado por Spencer Tracy, asistimos a la ruina económica y moral en la que ha quedado la otrora poderosa Alemania nazi. Su cometido es juzgar a cuatro jueces que favorecieron, con su acción e inacción, las atrocidades del nazismo. Ello sirve para que el espectador comprenda, no solo por qué estos jueces actuaron bajo esa connivencia, sino también por qué la población civil alemana no dijo ¡Basta!, no hizo nada más, aún sabiendo todo lo que estaba sucediendo en sus fronteras, en especial en los campos de exterminio, cuya existencia era ya algo más que un secreto a voces.

Sobre estos campos de exterminio o las deportaciones previas de judíos hay numerosas películas filmadas: El pianista (Polanski, 2002), *La vida es bella* (Benigni, 1997), *El hijo de Saúl* (Nemes, 2015), *La lista de Schindler* (Spielberg, 1993) o *El niño con el pijama de rayas* (Herman, 2008), pero si hubiera que mencionar una cinta perturbadora por su aparente sencillez, esa sería *La zona de interés* (Glazer, 2023).

Ganadora del Oscar a la mejor película extranjera en 2023, nos cuenta el día a día del comandante del campo de exterminio de

Auschwitz que vive, junto a su familia, en una casa aparentemente anodina justo al lado de los muros del recinto. Por supuesto, nada en esa vida es normal, comenzando por las típicas discusiones de pareja o las conversaciones sobre aspectos banales con los gritos de fondo -amortiguados- de los prisioneros o con la ceniza procedente de los hornos crematorios impregnando las sábanas recién limpiadas.

Una gran película que se pregunta grandes cuestiones: ¿Qué sucede cuando somos conscientes de nuestros actos? ¿Cómo podemos vivir sabiendo de lo dañino de nuestras obras?

Saliéndonos del holocausto nazi, el cine también ha retratado otros genocidios, como el cometido en Ruanda y Uganda en 1994, en el que se estima fallecieron unas 800.000 personas ante la impasibilidad de la comunidad internacional. Inactividad que refleja perfectamente la película *Hotel Rwanda* (George, 2004), desde la visión de uno de esos valientes anónimos que también generan estas historias de dolor, en este caso la del humilde director de un hotel, Paul Rusesabagina, y al que el psicólogo social Philip Zimbardo denominaría simplemente como héroe, al conjugar en su persona las dos características que éste les asocia "una mezcla de nobleza deliberada y de sacrificio en potencia".

Porque, a diferencia de lo ya dicho sobre la connivencia de parte de la población alemana con el régimen nazi, no debemos olvidar que existe la postura radicalmente contraria, la de aquellos que hacen frente a las injusticias y ponen su vida en peligro para salvar las de sus semejantes.

Más atrás en el tiempo, otro genocidio y otra película asociada a éste. El genocidio es el perpetrado por los Jemeres Rojos en la Camboya de la década de 1970 y la película es *Los gritos del silencio* (Joffé, 1984). Curiosa o justamente, según como se mire, casi todas las películas relacionadas con genocidios han visto recompensado su trabajo con nominaciones y diversos premios internacionales de cine y esta película no lo fue menos, al ser ganadora de tres premios Oscar, un Globo de Oro, varios BAFTA...

En la tradición de otras cintas como *Salvador* (Stone, 1986), *El año en el que vivimos peligrosamente* (Weir, 1982), *Bajo el fuego* (Spottiswoode, 1983) o *Camboya, 1978* (Panh, 2024) el protagonista de *Los gritos del silencio* es un periodista que llega a Camboya para informar sobre una guerra de la que no se conoce mucho y de la que aún se entiende menos, pero en la que éste termina involucrándose personal y emocionalmente, eliminando toda posible imparcialidad periodística en pos de su humanidad.

Y es que, ¿cómo podemos permanecer impasibles ante tanta crueldad, dolor y sinrazón? No otro sería el gran tema para tratar tras las cintas mencionadas.

Cuando hayan resuelto estas cuestiones, visualicen *El capitán* (Schwentke, 2017) y vuelvan a replantearse las mismas preguntas.

La no aplicación de las eximentes de salud mental deficiente y coacción en el caso de menores soldado enfrentados al dilema imposible: el caso de dominic ongwen

DRA. RAQUEL REGUEIRO DUBRA
Profesora de Derecho Internacional Público
Universidad Complutense de Madrid
rregueir@ucm.es

1. INTRODUCCIÓN

La determinación del origen de la conducta criminal es objeto de amplia discusión científica en distintos ámbitos de conocimiento, como la psicopatología criminal, cuyo objetivo principal es determinar si el delincuente nace o se hace. Así, la intrínseca relación entre la salud mental y la conducta de un sujeto particular obliga a plantearse la cuestión de su responsabilidad penal, en particular, de su imputabilidad, entendida esta como "el conjunto de las condiciones psicobiológicas de las personas, requerido por las disposiciones legales vigentes, para que un hecho sea comprendido como causado psíquica y éticamente por aquellas", lo que implica que el sujeto tenga "un estado de madurez mínimo [...], la plena consciencia de los actos que se realiza, la capacidad de voluntariedad y la capacidad de libertad" (Tiffon y González, 2022).

La sentencia emitida en el año 2021 y confirmada en el año 2024 por la Corte Penal Internacional por 61 cargos de crímenes de guerra y crímenes de lesa humanidad contra Dominic Ongwen, antiguo niño soldado que llegó a liderar el Ejército de Resistencia del Señor (ERS) que lo había secuestrado, marcó un hito al ser la primera condena contra un menor soldado[1] por los crímenes que cometió siendo adulto, inclusive el reclutamiento forzoso de niñas y niños para participar activamente en las hostilidades.

El equipo defensor de Ongwen solicitó a la Corte considerar que el ambiente opresivo en el que se había criado el acusado excluía cualquier responsabilidad penal debido a su estado mental y la coacción a la que fue sometido, primero durante su infancia y luego en su vida adulta. El Ongwen niño se enfrentó a un *dilema imposible*: adaptarse o morir, por lo que los crímenes que cometió de adulto no fueron sino la consecuencia de su condición de niño soldado de un grupo armado no estatal que había moldeado su personalidad y rasgos psicológicos en el marco de un ambiente de coacción.

Este estudio debate las cuestiones éticas y jurídicas que plantea la comisión de crímenes internacionales por parte de una persona que es igualmente víctima de crímenes internacionales y la pertinencia de tomar en consideración su condición de antiguo menor soldado a la hora de valorar su responsabilidad penal. Para ello, tras una breve conceptualización del niño soldado, este trabajo se centra en la determinación del ambiente opresivo al que se encuentra sometido el menor en el marco de grupos armados–tomando como ejemplos el Frente Revolucionario Unido en Sierra Leona, las *Forces Patriotiques du Congo* en la República Democrática del Congo y el Ejército de Resistencia del

---

1 Este estudio utiliza los términos *menor* y *niño* en género neutro, incluyendo en ellos a la niña a la que se hace referencia expresa en caso de existir distinciones por género, como ocurre con las agresiones y los abusos sexuales.

Señor en Uganda – para, seguidamente, analizar el impacto de las experiencias violentas vividas en la salud mental del niño o la niña. En un tercer tiempo, este estudio se aproxima al dilema imposible al que se enfrentan las víctimas de crímenes internacionales cuando se ven obligadas a cometer, o a participar de la comisión de crímenes internacionales para asegurar su propia supervivencia, para terminar con la discusión específica relativa al caso *Ongwen* respecto de las eximentes completas de salud mental y coacción y la respuesta proporcionada por la Corte Penal Internacional a la experiencia de victimización del acusado.

2. LOS MENORES SOLDADO COMO VÍCTIMAS, CIVILES Y COMBATIENTES

El artículo 1 de la Convención sobre los Derechos del Niño de 1989 y el artículo 2 del Convenio núm. 182 de la Organización Internacional del Trabajo de 1999 sobre las peores formas de trabajo infantil establecen que toda persona, hasta cumplir los 18 años, es considerada menor de edad. Un niño o niña soldado es aquella persona que, no habiendo cumplido los 18 años, es parte de una fuerza regular o irregular o de un grupo armado en cualquier capacidad. Los Principios de París (UNICEF, 2007) precisan que resulta irrelevante la función específica que ejerza el/la menor dentro de la fuerza regular o el grupo armado –combatiente, cocinero, porteador, mensajero, con fines sexuales (Arai-Takahashi, 2019), etc.– y que incluye a aquellos menores que han participado directamente en las hostilidades y a aquellos que no lo han hecho.

El artículo 3 del Convenio núm. 182 define el reclutamiento forzoso u obligatorio de niños para utilizarlos en conflictos armados como una de las peores formas de trabajo infantil. Por su parte, el Protocolo facultativo de la Convención sobre los derechos del niño relativo a la participación de niños en los conflictos armados (2000) permite el reclutamiento voluntario, bajo ciertos requisitos, de menores de 18 años por parte de los Estados para su ingreso en las fuerzas armadas nacionales, prohibiendo dicha posibilidad para cualquier grupo armado distinto de los ejércitos regulares (artículos 3 y 4).

Si bien han sido numerosas las críticas formuladas contra la escasa protección brindada a los menores en el IV Convenio de Ginebra de 1949, en una época en la que no existían instrumentos internacionales específicos para la protección de la infancia en conflictos armados (Hamilton y El-Haj, 1997; Díaz, 2019), el artículo 77 del Protocolo adicional I a los Convenios de Ginebra (1977) permite el reclutamiento de menores a partir de los 15 años y prohíbe la participación directa en las hostilidades a cualquier persona menor de dicha edad, obligaciones reiteradas en el artículo 38 de la Convención sobre los Derechos del Niño.

Finalmente, el artículo 8.2(b)xxvi) del Estatuto de Roma (ER, 1998) establece como crimen de guerra en el marco de conflictos armados internacionales el "reclutar o alistar a niños menores de 15 años en las fuerzas armadas nacionales o utilizarlos para participar activamente en las hostilidades", crimen que el artículo 8.2e)vii) ER hace extensible a los conflictos armados no internacionales. Así, el Estatuto de Roma excluye la posibilidad de reclutamiento voluntario de menores de 15 años en las fuerzas armadas regulares o en grupos armados, considerando que dicha voluntariedad nunca puede existir antes de dicha edad.

Obote-Odora (1999), en igual sentido que Nair (2017), señalaba, antes de la entrada en vigor del Estatuto de Roma, que el reclutamiento abarca aquellas situaciones en las que resultó forzoso, a la vez que la participación voluntaria de menores en los conflictos armados. En efecto, aun cuando un niño se une de forma voluntaria a un grupo, nunca podrá retirar ese consentimiento original. En el mismo sentido, otros menores son obligados a prestarse voluntarios para el ingreso, sabiendo que, una vez formen parte del grupo, resulta probable que no puedan irse. Por lo tanto, la toma en consideración de los mecanismos de coerción indirecta, como son la promesa de protección física, la simbología de conceptos como la defensa de la Patria, la naturaleza heroica de la participación en un conflicto, alimentar el deseo de venganza del menor o recibir incentivos de carácter económico, social y cultural, deben tomarse en consideración en el caso del reclutamiento de menores de 15 años.

Por su parte, la Corte Penal Internacional (CPI, 2012, pp. 279-280) –seguida por Ambos (2012) y Nylund (2016) – concluyó, en el caso *Lubanga*, que, aún en caso de unión no coercitiva al grupo, el alistamiento de un menor de 15 años será considerado un crimen de guerra en el sentido del artículo 8 ER, siguiendo así la opinión de los expertos que intervinieron ante la Corte, los cuales afirmaron que, desde un punto de visto psicológico, los menores no pueden prestar un consentimiento informado cuando se unen a un grupo armado, debido a su entendimiento limitado de las consecuencias de sus decisiones. No controlan ni comprenden las estructuras y fuerzas con las que deberán lidiar y desconocen, ni pueden percibir, las consecuencias a corto y largo plazo de sus acciones.

Así, los elementos del crimen de guerra de utilizar, reclutar o alistar niños en las fuerzas armadas regulares (artículo 8.2) b)xxvi) o en fuerzas armadas o grupos (artículo 8.2)e)vii) ER implica demostrar que: 1) el autor haya reclutado o alistado a una o más personas en las fuerzas armadas nacionales o en fuerzas armadas o grupos, o las haya utilizado para participar activamente en las hostilidades ; 2) esas o esas personas hayan sido menores de 15 años en ese momento; 3) el autor sabía o debiera saber que se trataba de menores de 15 años; 4) la conducta haya tenido lugar en el contexto de un conflicto armado internacional o no internacional y haya estado relacionada con él; 5) el autor haya sido consciente de circunstancias de hecho que establecían la existencia de un conflicto armado (CPI, 2013).

La condición de combatiente de estos menores de 15 años ha sido ampliamente discutida en el marco del enunciado del artículo 77.3 del Protocolo adicional I que les otorga el estatuto de prisionero de guerra si forman parte del ejército regular de un Estado y son capturados, lo que implícitamente implica que se consideran combatientes. No obstante, en el marco de los grupos armados no estatales o irregulares, el Derecho Internacional Humanitario niega en principio dicha condición a los menores de edad, salvo que cumplan con los requisitos establecidos en el artículo 4.A.2 del III Convenio de Ginebra de 1949 para ser reconocidos como prisioneros de guerra: 1) el grupo al que pertenecen debe estar organizado y mandado por una persona que responda de sus subordinados; 2) tener un signo distintivo fijo reconocible a distancia; 3) llevar las armas a la vista; y, 4) dirigir sus operaciones de conformidad con las leyes y costumbres de la guerra.

Si bien, como señala Bosch (2012), el artículo 43 del Protocolo adicional I flexibilizó dichos requisitos, los menores soldados –aún sin perder formalmente su condición de civiles– se convierten, sin embargo, en objetivos militares legítimos una vez participan directamente en las hostilidades y mientras dure dicha participación. Los actos que constituyen participación directa en las hostilidades deben cumplir los tres requisitos señalados por el Comité Internacional de la Cruz Roja:

> "1. Debe haber probabilidades de que el acto tenga efectos adversos sobre las operaciones militares o sobre la capacidad militar de una parte en un conflicto armado, o bien, de que cause la muerte, heridas o destrucción a las personas o los bienes protegidos contra los ataques directos (umbral de daño), y
> 2. Debe haber un vínculo causal entre el acto y el daño que pueda resultar de ese acto o de la operación militar coordinada de la que el acto constituya parte integrante (causalidad directa), y
> 3. El propósito específico del acto debe ser causar directamente el umbral exigido de daño en apoyo de una parte en conflicto y en menoscabe de otra (nexo beligerante)." (Nils, 2010, p. 93)

La experiencia de la guerra transformará a algunos de esos menores soldado en perpetradores de crímenes internacionales. Así, el niño que fue en su día captado, secuestrado en su más tierna infancia por un grupo armado, entrenado y adoctrinado se convertirá, con el paso del tiempo, en verdugo, no solo de la población civil contra la que su grupo dirige sus operaciones militares, sino también de otros niños y niñas que él mismo o su grupo captó, secuestró, entrenó y adoctrinó. Esta cuestión cobra especial relevancia en un contexto internacional en el que las estimaciones más optimistas –es decir, a la baja– cifran en 250.000 el número de menores que participaron y participan de forma directa o indirecta en conflictos armados de carácter internacional o no internacional y más de 200.000 menores han sido liberados de grupos armados y ejércitos regulares desde 1996 (Secretario General, 2024).

En su informe "Los niños y los conflictos armados" (2023), el secretario general de las Naciones Unidas hace referencia a los más de 12.000 menores soldado que recibieron apoyo y protección para su reintegración a la vida civil tras su paso por grupos armados no estatales o ejércitos regulares solo en el año 2022, a los que cabe sumar 2.496 menores que fueron detenidos por su vinculación a grupos armados, incluidos aquellos designados como terroristas por las Naciones Unidas. Más allá de la tipificación en el imaginario colectivo de los menores soldado, que va desde el niño como objeto indefenso manipulado por la malevolencia adulta que ha sufrido un daño irreparable, hasta el menor héroe que resiste la opresión o demuestra sentimiento patriótico o el bandido/demonio, siniestro y nefasto (Drumbl, 2012), los niños y niñas soldado viven circunstancias específicas, con mayor impacto que el sufrido por el resto de los menores que viven la guerra.

3. DEL RECLUTAMIENTO AL NIÑO SOLDADO

Se hayan unido al grupo por reclutamiento forzoso o por alistamiento, las experiencias vividas por los menores soldado son individuales y propias. La jurisprudencia del Tribunal Especial para Sierra Leona y de la Corte Penal Internacional muestran –de forma parcial debido a la diversidad de situaciones en las que niñas y niños son utilizados en la guerra– las formas de reclutamiento, el contexto de la vida del menor dentro del grupo armado y su uso para participar de forma activa o no en las hostilidades.

3.1 EL PROCESO DE CREACIÓN DE UN MENOR SOLDADO

El 26 de octubre de 2009, la Sala de Apelaciones del Tribunal Especial para Sierra Leona confirmó las sentencias condenatorias contra Issa Sesay[2], Morris Kallon y Augustine Gbao (Tribunal Especial Sierra Leona, 2009) por, entre otros cargos, el reclutamiento forzoso de niños soldado por parte del Frente Revolucionario Unido (FRU). El 26 de septiembre de 2013 hizo lo propio respecto de Charles Taylor, manteniendo la condena a 50 años de prisión del ex Jefe del Estado (Tribunal Especial Sierra Leona, 2013). El Tribunal consideró probado que el secuestro y reclutamiento forzoso de menores de 15 años en Tonkolili, Kailahun, Kono, Bombali, Port Loko y Freetown para su participación en las hostilidades formaba parte de la estrategia operativa del FRU y el Consejo Revolucionario de las Fuerzas Armadas (AFRC). La existencia de unidades específicas de menores (*Small Boys Units-SBU* y *Small Girls Units-SGU*) demuestra la institucionalización de la captación forzosa y uso de menores por parte de ambos grupos[3].

---

2 Cabe notar que Issa Sesay fue reclutado forzosamente cuando tenía 16 o 17 años por el Frente Revolucionario Unido.

3 La no participación en actos de reclutamiento y uso de menores soldado fue la base de la apelación presentada por Issa Hassan Sesay, aunque sus argumentos fueron rechazados al motivo que Sesay había ordenado la formación militar de los menores capturados en la zona bajo su responsabilidad, recibía informes del progreso de dicha formación, había visitado personalmente el campo de entrenamiento *Camp Lion* situado en Bunumbu y se había dirigido y amenazado a los menores que allí se encontraban dentro de las mencionadas unidades SBU y SGU. En el mismo sentido, Kallon, como oficial del RUF, no solo había participado del secuestro de menores para integrarlos en el grupo, sino que llevó a niños y niños a *Camp Lion* y ordenó que se iniciase su formación militar.

En 2007, el Tribunal ya había señalado en el juicio contra Alex Brima, Brima Kamara y Santigie Kanu que las normas de Derecho internacional consuetudinario no están supeditadas a la práctica existente en un Estado particular, por lo que, frente al argumento que consideraba arbitrario el límite de 15 años de edad para el reclutamiento o alistamiento de menores al motivo que, en la tradición africana, el fin de la infancia tiene poco que ver con la edad y más con la capacidad física de realizar actos reservados a adultos, el Tribunal consideró ineficaz el argumento de la defensa de una conducta contraria al ordenamiento jurídico internacional en base a una práctica nacional o regional que cree una apariencia de legalidad (Tribunal Especial para Sierra Leona, 2007).

El relato del trato dispensado a los menores soldado refleja el ambiente opresivo y de coacción en el que crecieron dichas personas: utilizados como guardaespaldas, esclavos sexuales, transportadores, cocineros o trabajadores domésticos, eran obligados a amputar costillas, piernas y manos a civiles, asesinar, torturar o supervisar el trabajo forzado de civiles capturados en las minas de diamantes, todo ello bajo la influencia de psicotrópicos, en particular cocaína, con el fin de eliminar cualquier sentimiento de miedo y agudizar su capacidad de violencia (Tribunal Especial para Sierra Leona, 2009; Denov, 2010). Estos niños y niñas eran a su vez víctimas de violencia física desde el momento de su reclutamiento. Aquellos que intentaban escapar del grupo eran marcados o asesinados. Ello, unido al hecho de que al ser menores de edad y, por lo tanto, inmaduros, no podían distinguir plenamente el bien del mal a la vez que carecían de la capacidad necesaria para entender de forma plena las consecuencias que acarreaban sus actos, estos niños eran meros peones en el juego de guerra de los adultos (Quénivet, 2017).

La Corte Penal Internacional sentenció, el 14 de marzo de 2012, a Thomas Lubanga Dyilo[4] a 14 años de prisión por el reclutamiento

---

4 Los casos contra Germain Katanga y Mathieu Ngudjolo Chui terminaron con la absolución del segundo el 18 de diciembre de 2012 y la

forzoso y el alistamiento de menores de 15 años para su integración en las *Forces patriotiques pour la libération du Congo* (FPLC) y su uso para participar activamente en las hostilidades desde septiembre de 2002 hasta agosto de 2003 (CPI, 2014; Kurt, 2013)[5].

La edad del menor no era un factor que se tomase en consideración a la hora de reclutar; solo se tenían en cuenta su talla y su capacidad para sostener un arma y participar en la formación militar. La Corte estableció que el grupo armado había implementado una política generalizada de reclutamiento de niñas y niños que, una vez integrados en la disciplina del grupo y entrenados en campos militares, eran destinados a distintas unidades para ser utilizados en los campos de batalla, en la Unidad Kadogo –conformada exclusivamente por menores– como guardias militares o guardaespaldas de los oficiales de alto rango del FPLC, labores domésticas o cualquier otra tarea encomendada.

Como en el caso de Sierra Leona, el relato de las condiciones a las que fueron sometidos estos menores incluyó hambruna como forma de castigo, correctivos corporales –algunos resultantes en la muerte de los reclutas en los campos de entrenamiento, y que podían llegar a sumar 300 golpes de gongo (un tipo de bastón) o fustiga– y violencia sexual, que afectó a casi todas las

---

condena del primero por un cargo de crimen contra la humanidad y cuatro de crímenes de guerra, aunque la Fiscalía no consiguió probar el cargo de reclutamiento y uso de menores soldado, véanse Situation in the Democratic Republic of the Congo in the case of *The Prosecutor v. Germain Katanga*, Judgment pursuant to Article 74 of the Statute, Caso núm. ICC-01/04-01/07, de 7 de marzo de 2014 y Situation in the Democratic Republic of the Congo in the case of *The Prosecutor v. Mathieu Ngudjolo Chui*, Judgment on the Prosecutor's appeal against the decision of Trial Chamber II entitled "Judgment pursuant to Article 74 of the Statute", Caso núm. ICC-01/04-02/12A, de 7 de abril de 2015.

5 La Corte Penal Internacional hizo referencia a la jurisprudencia del Tribunal Especial para Sierra Leona para la interpretación del crimen de reclutamiento, alistamiento y uso de menores soldado.

niñas que pasaron por los campos, salvo alguna excepción que gozaba de la protección de mujeres adultas. Dichas niñas sufrieron embarazos forzados y abortos, resultantes en un deterioro calificado de "catastrófico" de su salud física y mental.

El caso de Dominic Ongwen, cuya condena a 25 años de prisión fue dictada el 6 de mayo de 2021 por 61 cargos, incluyendo el reclutamiento, alistamiento y uso de menores de 15 años para su participación activa en las hostilidades en el marco del Ejército de Resistencia del Señor, desde el 1 de julio de 2002 hasta el 31 de diciembre de 2005, en el norte de Uganda, tiene una relevancia especial debido a que el acusado –hoy, condenado– es un antiguo menor soldado que fue secuestrado a los nueve años por el mismo grupo armado en el marco del cual cometió crímenes internacionales contra otros menores. Si bien este caso será analizado con mayor profundidad más adelante, la Corte concluyó que el reclutamiento de menores por parte del ERS no era incidental, sino que formaba parte de una política asentada en el grupo armado, que se basaba en el uso de la violencia (secuestros, coerción física, asesinatos de familiares, etc.) (CPI, 2021)

El tribunal consideró que dichos actos revestían particular gravedad debido a las condiciones en las que estos menores vivían dentro del grupo: además de ser utilizados para participar activamente en las hostilidades, los menores eran detenidos y permanecían cautivos con métodos crueles de coerción física y psicológica, impuestos para asegurar su obediencia y evitar su huida. Los menores no se relacionaban entre ellos al ser considerado cualquier tipo de amistad una amenaza para el grupo, que acarreaba un castigo severo.

3.2 EL IMPACTO EN LA SALUD MENTAL DEL MENOR

Si bien los estudios relativos al impacto de la guerra sobre la salud mental de cualquier menor concluyen que la vía de afectación principal es la exposición directa a la violencia, el efecto negativo del conflicto en las condiciones de vida del menor se extiende a su vida privada, en particular respecto de la violencia parental, maltrato o crianza deficiente (Miller y Jordans, 2015). La mitigación de los efectos de la guerra implica mantener un ambiente familiar sano y estable para dichos menores y las actividades diarias, normalizando al máximo las pequeñas tareas del día a día, así como proveer una explicación satisfactoria de la experiencia que están viviendo, necesitando las niñas y niños entender lo que está ocurriendo, lo que implica que los padres y madres (o las personas más cercanas en caso de no estar presentes los progenitores) no subestimen la experiencia traumática vivida (Raundalen y Melton, 1994).

Aunque aquellos menores que no tienen familiares supervivientes suelen desarrollar fuertes lazos con otros menores en orfanatos o campos de refugiados, creando así una identidad comunitaria (Minkowski, 1993), la presencia de adultos funcionales (sean estos familiares o no) que creen un entorno lo más seguro posible para el menor se considera fundamental para la mitigación de los síntomas post-traumáticos, en particular cuando dicho entorno es proporcionado por una figura materna. Así, señalan Slone y Shoshani (2017), la crianza autoritaria materna–repleta de calidez–surgió como un poderoso factor de protección contra los problemas de salud mental de los menores. Este estilo de crianza muestra la importancia de la negociación y del diálogo en las prácticas de control, el respeto, el apoyo, el afecto y las interrelaciones suaves mientras los niños pasan por procesos traumáticos.

Respecto de los menores soldado, como indican Blom y Pereda (2009) que sufren violaciones graves de derechos humanos (Lee-Koo, 2015), estas niñas y niños forman un subgrupo particular dentro del grupo de los menores que han vivido la guerra, sufriendo por ello consecuencias específicas sobre su salud mental debido a su participación en la violencia o haber sido víctimas de ella, como en el caso de haber sufrido abusos y agresiones sexuales, por lo que presentan, en gran medida, síntomas de ansiedad y depresivos, sentimientos de pérdida, desarraigo, culpa, vergüenza, trastornos depresivos o por estrés postraumático y conducta agresiva, ira y violencia (Singh y Singh, 2010).

Los factores de riesgo identificados en el caso de menores soldado en países como Sierra Leone, Liberia, Uganda y Nepal son el hecho de haber sido reclutados forzosamente, la edad a la que se unieron al grupo y el tiempo que pasaron en él, el nivel de exposición directa a la violencia (es decir, su uso para la participación activa en las hostilidades o sus experiencias violentas dentro del grupo), el género y la estigmatización existente tras la salida del grupo (Betancourt, 2013).

Así, el reclutamiento forzoso a edades tempranas (Kohrt, *et al.*, 2016) y el hecho de haber participado directamente en las hostilidades o haber sufrido violencia sistemática en el seno del grupo –desde agresiones sexuales hasta castigos corporales o uso frecuente de drogas– implican un mayor riesgo para la salud mental, inclusive trastornos de estrés post-traumáticos y depresión severa. El género es igualmente un factor relevante, dado que las niñas son las víctimas mayoritarias de actos de violencia sexual y tienen menor acceso a protección, por lo que presentan niveles más elevados de depresión, ansiedad y estrés post-traumático (Betancourt, 2020).

El estigma post-conflicto o tras la salida del grupo es igualmente mayor respecto de las niñas soldado (Betancourt, 2011) aunque todos los menores sufren, por lo general, de estigmatización o exclusión social cuando vuelven o son forzados a volver a sus comunidades que les temen, ignoran o desprecian (Medeiros, 2007; Kohrt, 2015). A su vez, el contexto en el que se reintegran a la vida civil –niveles de pobreza, violencia, adecuación de vivienda y atención sanitaria, etc.– afecta a su recuperación (Amone P'Olak, 2014). En el mismo sentido, el número de menores soldado con ideaciones o planes suicidas duplica el de las niñas y niños que han vivido la guerra, con una prevalencia de dos por uno en el caso de las niñas soldado, respecto de los niños soldado (Bhardwaj, 2018).

Una vez demostrada la existencia de coacción física y psicológica sufrida por los menores soldado dentro del grupo, así como el impacto de las experiencias vividas en su salud mental, cabe preguntarse si han de tenerse en cuenta estos factores a la hora de exigir responsabilidad penal individual a menores soldado, acusados de crímenes internacionales.

4. EL MENOR SOLDADO Y LOS TRIBUNALES PENALES INTERNACIONALES

Los tribunales penales internacionales e internacionalizados centraron sus esfuerzos en la persecución de aquellas personas que habían convertido a menores inocentes en niños y niñas soldado, como los ya mencionados Charles Taylor o Thomas Lubanga, considerando que los menores de 18 años eran bien inimputables (Corte Penal Internacional) o, por economía procesal, estuviesen libres de enjuiciamiento (Tribunales Penales Internacionales para la Antigua Yugoslavia y Ruanda). No obstante, el caso *Ongwen* marcó un punto de inflexión en la justicia penal internacional, dado que, por primera vez, un menor soldado era enjuiciado por la comisión, siendo ya adulto, del crimen de guerra de reclutamiento forzoso y uso de niños y niñas para su participación activa en las hostilidades, ostentado así Dominic Ongwen la doble condición de víctima y victimario.

4.1 **EL** *DILEMA IMPOSIBLE* ***DE LAS VÍCTIMAS QUE SE CONVIERTEN EN VERDUGOS***

La cuestión de las víctimas de crímenes internacionales convertidas a su vez en criminales se planteó tras la Segunda Guerra Mundial. Hanna Arendt se refirió al exterminio perpetrado por el régimen nazi en los términos siguientes:

> "The extreme horror with which particularly persons of good will react whenever the case of Germany is discussed is not evoked by those irresponsible co-responsibles, nor even by the particular crimes of the Nazis themselves. It is rather the product of that vast machine of administrative mass murder, in

> whose service not only thousands of persons, not even scores of thousands of selected murderers, but a whole people could be and was employed: In that organization which Himmler has prepared against the defeat, everyone is either an executioner, a victim, or an automaton, marching onward over the corpses of his comrades — chosen at first out of the various storm troop formations and later from any army unit or other mass organization. That everyone, whether or not he is directly active in a murder camp, is forced to take part in one way or another in the workings of this machine of mass murder — that is the horrible thing. For systematic mass murder — the true consequence of all race theories and other modern ideologies which preach that might is right — strains not only the imagination of human beings, but also the framework and categories of our political thought and action." (Arendt, 1991, p. 277)

Así, se preguntaba Arendt (1998, p. 363),

> "Cuando un hombre se enfrenta con la alternativa de traicionar y de matar así a sus amigos o de enviar a la muerte a su mujer y a sus hijos, de los que es responsable en cualquier sentido; cuando incluso el suicidio significaría la muerte inmediata de su propia familia, ¿cómo puede decidir? La alternativa ya no se plantea entre el bien y el mal, sino entre el homicidio y el homicidio. ¿Quién podría resolver el problema moral de la madre griega a quien los nazis permitieron decidir cuál de sus tres hijos tendría que ser muerto?"

En el mismo sentido, Primo Levi reflexionó en sus escritos sobre el sentimiento de culpa de omisión en el socorro de otros prisioneros (Leal, 2018) en el proceso extremo de deshumanización a los que eran sometidos los confinados de los campos de exterminación nazi, proceso que Yuliana Leal refiere como "aniquilación de la consciencia moral", reflejado a nivel organizativo, entre otros, en los *Sonderkommando.* Así, Primo Levi (1958, p. 83) relata en su obra *Si esto es un hombre* un episodio de nula reacción de los prisioneros frente al ahorcamiento de uno de ellos:

> "Me gustaría poder contar que, entre nosotros, rebaño abyecto, se hubiese levantado una voz, un murmullo, un signo de asentimiento. Pero no sucedió nada. Hemos continuado en pie, encorvados y grises, con la cabeza inclinada, y no nos hemos

> descubierto la cabeza más que cuando el alemán nos lo ha ordenado. [...] Al pie de la horca, los SS nos veían pasar con miradas indiferentes: su obra estaba realizada y bien realizada. Los rusos pueden venir ya: ya no quedan hombres fuertes entre nosotros, el último pende ahora sobre nuestras cabezas, y para los demás, pocos cabestros han bastado. Pueden venir los rusos: no nos encontrarán más que a los domados, a nosotros los acabados, dignos ahora de la muerte inerme que nos espera."

Algunas de estas víctimas del régimen nazi, confinadas, torturadas y despojadas de su condición humana, como señalaron Arendt y Levi, cometieron o fueron cómplices de la comisión de actos de tortura, asesinatos y otros crímenes. La cuestión que se planteó al finalizar la Guerra era si cabía eximir a estas personas de cualquier tipo de responsabilidad penal por sus actos o, en su caso, atenuar dicha responsabilidad debido a la situación específica de coacción en la que se encontraban cuando los cometieron.

Esta reflexión se llevó a cabo en el marco de los tribunales penales internacionales, empezando por los juicios celebrados en 1945 en el Tribunal de Núremberg, en el que se decidió no procesar a prisioneros judíos que habían participado en el exterminio nazi, centrándose así el Tribunal en la labor de enjuiciamiento que aquellos miembros del régimen nazi que habían planificado, cometido, ayudado a, o conspirado para, cometer crímenes contra la paz, crímenes de lesa humanidad y crímenes de guerra, focalizando la responsabilidad de las atrocidades ocurridas en aquellos que tenían el poder efectivo y no en sus víctimas.

La pregunta que cabe hacer es si resulta aplicable el mismo razonamiento de ausencia de responsabilidad penal en el marco de los conflictos armados actuales, en el caso de menores soldado responsables de la comisión de crímenes internacionales.

Los Principios de París abogan por el tratamiento de los niños soldado como víctimas de actos internacionalmente ilícitos y no sólo como responsables de cometerlos, favoreciendo así la búsqueda de alternativas a los procedimientos judiciales. Así, el enjuiciamiento de estos menores solo será apropiado en dos situaciones: cuando el menor se niega a participar en mecanismos de justicia restaurativa y/o cuando es uno de los individuos más responsables de la comisión de crímenes internacionales (por ejemplo, debido a su posición jerárquica en las fuerzas armadas o grupos) o ha cometido los crímenes más graves (entiéndase por ello, crímenes internacionales) (Quénivet, 2017; Steinl, 2017).

En el marco de la justicia penal internacional, a pesar de no hacer referencia alguna en los Estatutos de los Tribunales Penales Internacionales para la Antigua Yugoslavia (Consejo de Seguridad, 1993) y Ruanda (Consejo de Seguridad, 1994) al procesamiento de personas menores de 18 años o de adultos por los crímenes que cometieron antes de cumplir la mayoría de edad, ambos tribunales consideraron oportuno no enjuiciar a menores soldado por los crímenes que cometieron antes de cumplir los 18 años, sin perjuicio de la decisión al respecto que pudiesen tomar los tribunales nacionales competentes (TPIY, 1997; TIPY, 1998)[6]. Aún así, la ausencia de limitación de edad para el enjuiciamiento en ambos Estatutos permite una interpretación en el sentido de la posibilidad del procesamiento de menores por crímenes internacionales (McQueen, 2019).

En el contexto de los tribunales híbridos, el artículo 7 del Estatuto del Tribunal Especial para Sierra Leona estableció la jurisdicción del tribunal sobre aquellas personas mayores de 15 años, aunque, siendo menores de edad, se les dispensaría un trato específico acorde con su juventud buscando su rehabilitación y reinserción, lo que incluía sentencias que podían consistir en medidas de orientación, servicios a la comunidad, asesoramiento, programas educativos y de formación profesional, y cualquier programa de desarme, des-

---

6 En el marco del Tribunal Penal Internacional para la Antigua Yugoslavia, los acusados más jóvenes – Anto Furundzija y Drazen Erdemovic–eran mayores de edad cuando cometieron los crímenes que les eran reprochados.

movilización y reinserción (Musila, 2005). En sentido contrario, el 26 del Estatuto de Roma por el que se establece la Corte Penal Internacional excluye de forma expresa la competencia de la Corte respecto de personas que no son mayores de edad en el momento de la presunta comisión del crimen reprochado.

4.2. EL DILEMA (¿INEXISTENTE?) DEL VICTIMARIO: EL CASO DE DOMINIC ONGWEN

Dominic Ongwen fue uno de los seis líderes del Ejército de Resistencia del Señor (ERS), junto con Joseph Kony –sobre el que pesan 36 cargos de crímenes de guerra y crímenes contra la humanidad, incluido el de reclutamiento y uso de menores soldado para su participación activa en las hostilidades (CPI, 2024)– y los ya fallecidos Vicent Otti, Raska Lukwiya, Okot Odhuambo y Odong Latek. Si bien Joseph Kony era el líder máximo del grupo durante el periodo objeto del proceso Ongwen (desde el 1 de julio de 2022 hasta el 31 de diciembre de 2005), Dominic Ongwen era el comandante del Batallón Oka, perteneciente a la Brigada Sinia en el año 2002 y terminó siendo el comandante de la Brigada Sinia en 2005 (CPI, 2021). En dicha calidad, ordenó y participó del secuestro de menores de 15 años en el norte de Uganda para su incorporación en la Brigada Sinia. Estos menores combatieron, fueron utilizados para dar la alarma, quemaron y saquearon casas de civiles o sirvieron de exploradores. El elevado número de cargos contra Ongwen por crímenes de guerra y crímenes de lesa humanidad revela el nivel de atrocidad de los actos cometidos (Iglesias Berlanga, 2022). Estos cargos incluían asesinatos, actos de tortura y otros actos inhumanos, esclavitud, pillaje, destrucción de propiedad, violencia sexual, embarazos forzados y matrimonios forzosos, además del reclutamiento y uso de menores soldado (CPI, 2016).

El relato de las condiciones de vida de estos menores muestra como el ERS asignaba a cada uno de ellos tareas específicas según su género: los niños participaban, en su mayoría, del esfuerzo militar propiamente dicho, mientras las niñas eran víctimas de actos de violencia sexual y reproductiva en el marco de un contexto altamente opresivo:

> "The abducted children were subjected to a coercive and violent environment including various forms of physical and psychological harm. They were often beaten and otherwise physically mistreated. They were forced to beat and/or kill other abductees, and to witness severe violence being inflicted on others. They were constantly threatened with physical violence or death if they broke LRA rules. The children were made to walk long distances and were often hungry. They were also deprived of any education. This treatment inflicted severe physical and mental pain and suffering on the children, which did not arise from and was not inherent or incidental to lawful sanctions. This pain and suffering was inflicted for the purposes of intimidation, coercion, and punishment. These children were in the custody and in the control of the LRA perpetrators." (CPI, 2024, p. 17)

En ese ambiente de violencia extrema se crio igualmente Dominic Ongwen, que fue secuestrado por el ERS cuando tenía 9 o 10 años –siendo Kony el fundador del grupo y, por lo tanto, su verdugo– y tuvo que sobrevivir en el marco del grupo armado, adaptándose a sus normas y mostrándose útil, como habían hecho, en su momento, los prisioneros judíos en los campos de concentración nazi. La descripción realizada por Ongwen de las consecuencias de su primera tentativa de escapar del grupo poco después de su secuestro da buena cuenta del contexto de extrema violencia existente que lo rodeaba:

> "The two of us each were given a knife and we were ordered to kill these people. I told them I had never killed in my life and I had never seen a dead person. They told us, "If you want to live, kill these people." They put up — they put up 15 a fire and then they put the machetes in the fire to heat up [...] They ordered us to slaughter these people with a knife, remove their intestines and hang their intestines on the tree. Part of their intestines we were ordered to hang on our necks, and we were told to say this was an electric wire. We did all that.

> When they were hung up, of course there was blood dripping from them. They brought food and we were ordered to eat beans. We sat where blood was dripping, and they put our plate of beans under the people who were dripping, the bodies that were dripping with blood and the blood was dripping on those plates. They asked us to eat, but I refused. But they told us that is what we want you to do. So we were forced to eat beans mixed with human blood. Even though I grew up in the bush, I know that in Acholi culture humans are not eaten. I don't know if there are other tribes or clans that eat people, but in Acholi human beings cannot be eaten. When I finished eating I started feeling drowsy. I collapsed and I became unconscious. I vomited. At that time for a whole year and — for a whole year and eight months I could not eat meat. Every time I saw meat, I would vomit. Up to now, I do not like to eat meat." (CPI, 2021)

Por ello, la defensa de Ongwen solicitó que se tuvieran en cuenta las circunstancias eximentes de responsabilidad penal establecidas en los artículos 31.1 a) y d) del Estatuto de Roma. En primer lugar, alegó que la deficiente salud mental de Ongwen le privaba de su capacidad para apreciar la ilicitud y naturaleza de su conducta (art. 31.1 a) y, en segundo lugar, que las conductas que le eran reprochadas habían sido realizadas como consecuencia de la coacción ejercida sobre él por Joseph Kony y los demás miembros del grupo (art. 31.1 d) (CPI, 2020). Así, habiendo sido Dominic Ongwen víctima de un crimen internacional, su experiencia de vida no le permitía otro camino que plegarse a lo ordenado por el grupo violento al que pertenecía, lo que había tenido un impacto importante en su salud mental al sufrir el acusado de depresión severa, desorden de estrés post-traumático, desorden disociativo (incluyendo despersonalización y desorden de identidad múltiple), amnesia disociativa, síntomas de trastorno obsesivo compulsivo e ideaciones suicidas, lo que había destruido su capacidad para apreciar la ilicitud de su comportamiento y controlar su conducta. Por otra parte, el absoluto control ejercido por Kony sobre Ongwen desde su secuestro, así como la utilización de rituales para controlar su mente[7] –en vez de usarlos como poder curativo (Schultz y Weisæth, 2015)– y el razonable peligro para su vida en caso de desobediencia o tentativa de huida, mostraban que la conducta reprochada había sido consecuencia de coacción en el sentido del artículo 31.1 d) del Estatuto.

Así, la Corte se enfrentó, por primera vez, a la invocación de estas dos eximentes completas de responsabilidad penal y tuvo que decidir qué tratamiento dar a la condición de víctima de Dominic Ongwen a la hora de valorar su estatus de victimario. Son numerosos los argumentos a favor y en contra de considerar la condición de menor soldado de Dominic Ongwen como una circunstancia relevante a la hora de determinar su responsabilidad penal. Así, si bien es cierto que el paso de un niño soldado de la infancia a la adultez por el mero hecho de cumplir los 18 años no convierte *ipso facto* a una víctima en un criminal y que el impacto de las vivencias violentas, ampliamente reconocidas en el caso de los menores soldado del ERS, tuvieron un efecto inevitable en su salud física y mental, el argumento de la coacción obliga a concluir que el acusado cometió los crímenes desde 2002 hasta 2005 porque se exponía, de no hacerlo, a una amenaza de muerte inminente o de lesiones corporales graves continuadas y que ha actuado de forma proporcionada, teniendo en cuenta lo que era necesario y razonable para evitar dicha amenaza (art. 31.1 d) (Grant, 2016). Aunque quedó demostrado que Ongwen fue encarcelado por el ERS y torturado en Sudán y que, en algún momento, se escondió de Joseph Kony por el temor que le tenía, aceptar la eximente de coacción implicaría determinar que los actos cometidos por Ongwen fueron realizados durante esos tres años bajo coacción.

---

7 El sistema de creencias de la cultura acholi está basada y profundamente arraigada en la espiritualidad. Joseph Kony, reconocido practicante del espiritualismo acholi, utilizaba rituales para amedrentar a los menores secuestrados.

La Corte Penal Internacional rechazó el argumento de alteraciones graves de la salud mental de Dominic Ongwen basándose en los informes de los psiquiatras y psicólogos que intervinieron ante el tribunal que determinaron que dichas alteraciones hubiesen resultado incompatibles, no solo con la propia supervivencia de Ongwen en el ERS, sino también con el hecho de haber prosperado dentro del grupo durante más de 20 años (CPI, 2021). Por otra parte, la elaboración de informes por parte de Ongwen con posterioridad a ataques contra civiles no hubiese podido realizarse en caso de trastorno disociativo. En el mismo sentido, un trastorno depresivo severo es inconciliable con las cualidades de buen administrador, amable y trabajador atribuidas a Ongwen, a la vez que la ausencia de miedo no se ajusta al trastorno de estrés post-traumático. Además, los testimonios de víctimas de Ongwen y antiguos miembros del ERS confirmaron que el acusado podía ser amable y compasivo o brutal y agresivo, según lo que requiriesen las circunstancias, por lo que era capaz de distinguir el bien del mal. En consecuencia, la Corte excluyó la posibilidad de aplicación de la circunstancia eximente de responsabilidad de salud mental deficiente.

En relación con la eximente de coacción, la Corte remarcó que Ongwen no era un soldado de bajo rango dentro del ERS, sino que colideraba el grupo, junto con Joseph Kony y otros cuatro comandantes, por lo que su capacidad para la toma de decisiones era mayor, cuestión que quedó demostrada por el hecho de que Ongwen y los demás comandantes no siempre ejecutaban las órdenes emitidas por Kony, por lo que no existía una dominación completa de este último sobre el acusado. Además, el arresto de Ongwen en el año 2003 tras una tentativa de huida del grupo no acarreó consecuencias graves, al haber sido promocionado al rango de comandante tras ese evento. Respecto de los rituales y espiritualismo ejercido por Kony para el control de los miembros del grupo, el tribunal concluyó que, aun siendo un método muy eficaz de control de los niños y niñas –vulnerables e impresionables–, dicha eficacia se mitigaba para desaparecer con el paso de los años. Así, la Corte descartó la aplicación del artículo 31.1 d) ER respecto de Dominic Ongwen y consideró probados 61 de los 70 cargos presentados por la Fiscalía, sentenciando al acusado a 25 años de prisión, sentencia confirmada por el Sala de Apelaciones (CPI, 2022).

El tribunal se decantó en este caso por un análisis legalista que, según la edad, separaba radicalmente al Ongwen víctima del Ongwen perpetrador: víctima de niño, en el pasado, y criminal de lesa humanidad y de guerra de adulto, desde los 18 años hasta el presente. Esta ruptura temporal realizada por la Corte imposibilita la convivencia en una misma persona de las condiciones de víctima y victimario. No obstante, el rechazo a la aplicación de eximentes completas no fue obstáculo para que la Corte tomase en consideración la experiencia de victimización de Ongwen a la hora de mitigar la sentencia, optando por una condena a 25 años de prisión en vez de reclusión a perpetuidad como solicitaban las víctimas de sus crímenes. El tribunal siguió así la doctrina desarrollada por el Tribunal Penal International para la Antigua Yugoslavia en el caso Erdemovic (TPIY, 1996), en el que la mayoría de los jueces consideró que la coacción solo puede ser considerada un factor de mitigación de la pena en el caso de la comisión de crímenes contra civiles y no, como establece el artículo 31.1 d) ER, una eximente completa[8], cuestión que cobra más relevancia en caso de coacción a menores (Seyfarth, 2013; Leveau, 2013).

Quizá la Corte renunció a explorar de forma adecuada la identidad víctima-verdugo de Ongwen, que le hubiese permitido profundizar en la complejidad de las atrocidades cometidas en el norte de Uganda y en las causas subyacentes a dicha violencia, al no ser el acusado un perpetrador *ordinario* sino que su condición de víctima moldeó, en gran medida, su condición de victimario. Así, se centró en dirimir *si* el acusado había cometido los

---

8 Cabe recordar que los Tribunales de Núremberg y Tokio consideraron la coacción una eximente completa.

crímenes y no en el *por qué* de dicha conducta. Minkova (2020) señala que Ongwen ha sido instrumentalizado y estigmatizado al considerar la Corte ha adoptado un enfoque limitado en relación con la violencia ejercida por el ERS, que personificó en Dominic Ongwen, dirigiendo la discusión hacia la idea de que las raíces de las atrocidades masivas pueden rastrearse hasta unos pocos individuos crueles, retratando así a Ongwen como aquellos señores de la guerra africanos que no son más que salvajes.

En el mismo sentido, Branch (2017), siguiendo a Baines (2009), insiste en que la imagen de África mostrada por la Corte encajaba perfectamente con las narrativas morales de la Fiscalía sobre la atrocidad criminal inhumana contra víctimas inocentes. La Corte necesita víctimas y victimarios puros, sin ambigüedades ni grises, y en África las ha encontrado.

La Corte Penal Internacional parece reconocer a los menores soldado como víctimas, salvo que sean procesados por el tribunal, en cuyo caso existe un proceso de deshumanización del acusado. Ello choca con la práctica adoptada por el gobierno ugandés que optó por amnistiar a los menores soldado (Nortje, 2017). En este sentido, la defensa de Ongwen provoca una ruptura bienvenida en esa narrativa binaria que obliga a repensar el contexto en el marco de los juicios en tribunales internacionales, sirviendo así de contrapunto a la actual visión positivista kantiana y pragmática (Souris, 2019) de la responsabilidad penal individual (Hasellind, 2020; Gawronski, 2019).

5. CONCLUSIÓN

La persistencia del fenómeno del reclutamiento o alistamientos de menores en fuerzas o grupos armados y su uso para la participación –directa o indirecta– en las hostilidades plantea la cuestión de su responsabilidad penal, en particular respecto de la comisión de crímenes internacionales. El caso de niños y niñas menores de 15 años resulta especialmente relevante dado que, por su especial situación de vulnerabilidad, el contexto de coacción al que son sometidos dentro del grupo y la duración de su condición de menores soldado tiene un impacto innegable en su desarrollo mental y moral, con graves consecuencias para su salud mental.

En el caso *Ongwen*, la Corte Penal Internacional se enfrentó por primera vez a la invocación por parte de la defensa del acusado de las eximentes completas de responsabilidad penal de salud mental deficiente y coacción, debido a la condición de antiguo menor soldado de Dominic Ongwen, que había sido sometido, desde su secuestro a los 9 años, al ambiente de extrema violencia y opresión del Ejército de Resistencia del Señor.

No obstante, la Corte no profundizó en el pasado de Ongwen a la hora de valorar su responsabilidad criminal, separando al menor que había sido víctima de un crimen internacional del adulto que había cometido multitud de crímenes internacionales. La visión legalista de la Corte Penal Internacional, si bien es entendible y responde al deseo de la justicia penal internacional de reparación moral a las víctimas, no toma lo suficiente en consideración el hecho de que un menor reclutado desde su más tierna infancia no tiene más opción –si desea sobrevivir– que elegir, como señaló Hanna Arendt, entre el homicidio (propio) o el homicidio (de otro). En este contexto, si la Corte niega la aplicación de las eximentes en el caso de menores vulnerables, considerando que solo merece la consideración de factor de mitigación a la hora de determinar la pena, cabe preguntarse en qué circunstancias aplicará los artículos 31.1 a) y d) del Estatuto de Roma.

Finalmente, la consideración por parte del tribunal de Dominic Ongwen como perpetrador principal de los actos reprochados y de la violencia del ERS, sin subordinación real a su verdugo, Joseph Kony, a pesar de ser Ongwen el acusado más joven y el oficial de menor rango del ERS en ser procesado por la Corte, allana el terreno en relación con el procesamiento de Kony –todavía huido– respecto del cual se puede aventurar que –en caso de ser condenado– será considerado igualmente perpetrador principal y sentenciado a la pena que la Corte quería imponer a Ongwen: la reclusión a perpetuidad.

6. REFERENCIAS BIBLIOGRÁFICAS

Ambos, K. (2012). "The first judgment of the International Criminal Court (Prosecutor v. Lubanga): A comprehensive analysis of the legal issues". *International Criminal Law Review,* 12, 115-153. DOI: http://dx.doi.org/10.2139/ssrn.2030751

Amone-P'Olak, K., *et al.* (2014). "Postwar environment and long-term mental health problems in former child soldiers in Northern Uganda: The WAYS study". *Journal of Epidemiology and Community Health,* 68, 425-430. DOI: 10.1136/jech-2013-203042

Arai-Takahashi, Y. (2019). "War crimes relating to child soldiers and other children that are otherwise associated with armed groups in situations of non-international armed conflicts. An incremental step toward a coherent legal framework?". *QIL Zoom-in,* 60, 25-48.

Arendt, H. (1991). "Organized Guilt and Universal Responsibility (1945)". En May, L. y Hoffman, S. (Eds.), *Collective Responsibility. Five Decades of Debate in Theoretical and Applied Ethics.* Rowman & Littlefield Publishers.

Arendt, H. (1998). *Los orígenes del totalitarismo.* Taurus.

Baines, E (2009). "Complex political perpetrators: Reflections on Dominic Ongwen". *The Journal of Modern African Studies,* 47(2), 163-191. DOI: 10.1017/S0022278X0g003796

Betancourt, Th, *et al.* (2011). "Sierra Leone's child soldiers: War exposures and mental health problems by gender". *Journal of Adolescent Health,* 49, 21-28. DOI: 10.1016/j.jadohealth.2010.09.021

Betancourt, Th., *et al.* (2013). "Research Review: Psychosocial adjustment and mental health in former child soldiers – a systematic review of the literature and recommendations for future research". *Journal of Child Psychology and Psychiatry,* 54(1), 17-36. DOI: https://doi.org/10.1111/j.1469-7610.2012.02620.x

Betancourt, Th., *et al.* (2020). "Stigma and acceptance of Sierra Leone's child soldiers: A prospective longitudinal study of adult mental health and social functioning". *Journal of the American Academy of Child & Adolescent Psychiatry,* 59(6), 715-726. DOI: 10.1016/j.jaac.2019.05.026

Bhardwaj, A (2018). "Interpersonal violence and suicidality among former child soldiers and war-exposed civilian children in Nepal". *Global Mental Health*, 5, 1-14. DOI: 10.1017/gmh.2017.31

Blom, F. y Pereda, N. (2009). "Niños y niñas soldado: Consecuencias psicológicas e intervención". *Anuario de Psicología*, 40 (3), 329-344. DOI:

Bosch, S. (2012). "Targeting and prosecuting "under-aged" child soldiers in international armed conflicts, in light of the International Humanitarian Law prohibition against civilian participation in hostilities". *Comparative & International Law Journal of Southern Africa*, 45(3), 324-364.

Branch, A. (2017). "Dominic Ongwen on trial: The ICC's African dilemmas". *International Journal of Transitional Justice*, 11, 30-49. DOI: https://doi.org/10.1093/ijtj/ijw027

Consejo de Seguridad (1993). S/RES/808, de 22 de febrero de 1993, Anexo.

Consejo de Seguridad (1994). S/RES/955, de 8 de noviembre de 1994, Anexo.

Corte Penal Internacional (CPI) (2012). Situation of the Democratic Republic of the Congo in the case of *The Prosecutor v. Thomas Lubanga Dyilo,* Judgment pursuant to Article 74 of the Statute, Trial Chamber I, Caso núm. ICC-01/04-01/06.

Corte Penal Internacional (CPI) (2013). Elements of crimes.

Corte Penal Internacional (CPI). Situation in the Democratic Republic of the Congo in the case of *The Prosecutor v. Germain Katanga,* Judgment pursuant to Article 74 of the Statute, Caso núm. ICC-01/04-01/07, de 7 de marzo de 2014.

Corte Penal Internacional (CPI). Situation in the Democratic Republic of the Congo in the case of *The Prosecutor v. Mathieu Ngudjolo Chui,* Judgment on the Prosecutor's appeal against the decision of Trial Chamber II entitled "Judgment pursuant to Article 74 of the Statute", Caso núm. ICC-01/04-02/12A, de 7 de abril de 2015.

Corte Penal Internacional (CPI). Situation in Uganda in the case of *The Prosecutor v. Dominic Ongwen,* Decision on the confirmation of charges against Dominic Ongwen, Caso núm. ICC-02/4-01/15, de 23 de marzo de 2016.

Corte Penal Internacional (CPI). Situation in Uganda in the case of *The Prosecutor v. Dominic Ongwen,* Public redacted version of "Corrected version of "Defense closing brief", filed on 24 January 2020", Caso núm. ICC-02/04-01/15, de 13 de marzo de 2020.

Corte Penal Internacional (CPI). Situation in Uganda in the case of *The Prosecutor v. Dominic Ongwen,* Trial Judgment, Caso núm. ICC-02/04-01/15, de 4 de febrero de 2021.

Corte Penal Internacional (CPI). Sentencing Hearing Ongwen Case, Doc. núm. ICC-02/04/01/15-T-261-ENG ET WT, de 15 de abril de 2021.

Corte Penal Internacional (CPI). Situation in Uganda in the case of *The Prosecutor v. Dominic Ongwen,* Sentence, Trial Chamber IX, Caso núm. ICC-02/04-01/15, de 6 de mayo de 2021.

Corte Penal Internacional (CPI). Situation in Uganda in the case of *The Prosecutor v. Dominic Ongwen,* Judgment on the appeal of Mr Dominic Ongwen against the decision of Trial Chamber IX of 6 May 2021 entitled "Sentence", Caso. Núm. ICC-02/04-01/15, de 15 de diciembre de 2022.

Corte Penal Internacional (CPI). Situation in Uganda in the case of *The Prosecutor v. Joseph Kony,* Document containing the charges, Caso núm. ICC-02/04-01/05, de 19 de enero de 2024.

Denov, M. (2010). *Child soldiers. Sierra Leone's Revolutionary United Front.* Cambridge University Press.

Diaz, S. (2019). "An elusive mandate: Enforcing the prohibition on the use of child soldiers". *Children's Legal Rights Journal,* 30(3), 1-20.

Drumbl, M. (2012). "The effects of the Lubanga Case on understanding and preventing child soldiering". *Yearbook of International Humanitarian Law,* 15, 87-116.

Gawronski, M. (2019) "International criminalisation as a pragmatic institutional process: The cases of Dominic Ongwen at the International Criminal Court and Thomas Kwoyelo at the International Crimes Division in the Situation in Uganda". En Aksenova, M. *et al., Breaking the cycle of mass atrocities: Criminological and socio-legal approaches in International Criminal Law* (pp. 47-72), Hart/Bloomsbury Publishing.

Grant, N. (2016). "Duress as a defense for former child soldiers? Dominic Ongwen and the International Criminal Court". *ICD Brief,* 21.

Hamilton, C. y Abu El-Haj, T. (1997). "Armed conflict: The protection of children under International Law". *The International Journal of Children Rights,* 5, 1-46. DOI: https://doi.org/10.1163/15718189720493519

Hassellind, F. (2020). "The International Criminal Court trial as a site for contesting historical and political narratives: The case of Dominic Ongwen". *Social and Legal Studies,* 20, 1-20. DOI: https://doi.org/10.1177/096466392097183

Iglesias Berlanga, M. (2022). "El caso de Dominic Ongwen ante la Corte Penal Internacional. Especial referencia al embarazo forzado". *Anuario de los Cursos de Derechos Humanos de Donostia-San Sebastián,* XXII, 223-258.

Kohrt, B., *et al.* (2015). "Alternative approaches for studying humanitarian interventions: Propensity score methods to evaluate reintegration packages impact on depression, PTSD, and function impairment among child soldiers in Nepal". *Global Mental Health,* 2, 1-11. DOI: 10.1017/gmh.2015.13

Kohrt, B. *et al.* (2016). "Recruitment of child soldiers in Nepal: Mental health status and risk factors for voluntary participation of youth in armed groups". *Peace and Conflict: Journal of Peace Psychology,* 22(3), 208-216. DOI: 10.1037/pac0000170

Kurth, M. (2013). "The Lubanga case of the International Criminal Court: A critical analysis of the Trial Chamber's findings on issues of active use, age, and gravity". *Goettingen Journal of International Law,* 5(2), 431-453. DOI: 10.3249/1868-1581-5-2-kurth

Leal, Y. (2018). "Hannah Arendt: El problema de la responsabilidad ante los crímenes de lesa humanidad en los regímenes totalitarios". *Mutatis Mutandis: Revista Internacional de Filosofía,* 10, 9-36. DOI: https://doi.org/10.69967/07194773.v1i10.24

Lee-Koo, K. (2015) "Children and armed conflict: Mapping the terrain". En Huynh, K. *et al.*: *Children and Global Conflict* (pp. 9-34). Cambridge University Press.

Leveau, F. (2013). "Liability of child soldiers under International Criminal Law". *Osgoode Hall Review of Law and Policy,* 4(1), 36-66.

Levi, P. (1958). *Si esto es un hombre.* Giulio Einaudi Editore.

McQueen, A. (2019). "Falling Through the Gap: The Culpability of Child Soldiers Under International Criminal Law". *Notre Dame Law Review Online,* 94(2), 100-127.

Medeiros, E. (2007). "Integrating mental health into post-conflict rehabilitation". *Journal of Health Psychology,* 12(3), 498-504. DOI: https://doi.org/10.1177/1359105307076236

Melzer, N. (2010). "Guía para interpretar la noción de "participación directa en las hostilidades" según el Derecho Internacional Humanitario". Comité Internacional de la Cruz Roja.

Miller, K. y Jordans, M. (2015). "Determinants in children's mental health in war-torn settings: Translating research into action". *Current Psychiatry Reports,* 58, 1-6. DOI: 10.1007/s11920-016-0692-3

Minkova, L. (2020). "Expressing what? The stigmatization of the defendant and the ICC's institutional interests in the Ongwen case". *Leiden Journal of International Law,* 1-23. DOI: 10.1017/S0922156520000539

Minkowski, A. (1993). "Mental stress on children exposed to war and natural catastrophes". *Infant Mental Health Journal*, 14, 273-282. DOI: https://doi.org/10.1002/1097-0355(199324)14:4<273::AID-IMHJ2280140403>3.0.CO;2-M

Musila, G. (2005). "Challenges in establishing the accountability of child soldiers for human rights violations: Restorative justice as an option". *African Human Rights Journal*, 5(2), 321-334.

Nair, S. (2017). "Child soldiers and International Criminal Law: Is the existing legal framework adequate to prohibit the use of children in conflict?". *Perth Journal of International Law*, 2, 40-54.

Nortje, W. (2017). "Victim or villain: Exploring the possible bases of a defence in the Ongwen case at the International Criminal Court". *International Criminal Law Review*, 17, 186-207.

Nylund, V. (2016). *Child soldiers and Transnational Justice. Protecting the rights of children involved in armed conflicts.* Intersentia.

Obote-Odora, A. (1999). "Legal problems with protection of children in armed conflict". *Murdoch University Electronic Journal of Law*, 6(2).

Quénivet, N. (2017). "Does and should International Law prohibit the prosecution of children for war crimes?". *The European Journal of International Law*, 28(2), 433-455. DOI: https://doi.org/10.1093/ejil/chx023

Raundalen, M. y Melton, G.B. (1994). "Children in war and its aftermath: Mental health issues in the development of International Law". *Behavioral Sciences and the Law*, 12, 21-34. DOI: 10.1002/bsl.2370120104

Schultz, J-H. y Weisæth, L. (2015). "The power of rituals in dealing with traumatic stress symptoms: Cleansing rituals for former child soldiers in Northern Uganda". *Mental Health, Religion and Culture*, 822-837. DOI: 10.1080/13674676.2015.1094780

Secretario General (2023). Informe del Secretario General, Los niños y los conflictos armados, Doc. A/77/895-S/2023/363, de 5 de junio de 2023.

Secretario General (2024). Office of the Special Representative of the Secretary-General for Children and Armed Conflict, Press Release, de 12 de febrero de 2024. https://childrenandarmedconflict.un.org/2024/02/to-mark-the-international-day-against-the-use-of-child-soldiers-the-special-representative-is-launching-the-children-and-armed-conflict-primer/ Última consulta, 28 de febrero de 2025.

Seyfarth, L. (2013). "Child soldiers to war criminals: Trauma and the case of personal mitigation". *Chicago-Kent Journal of International and Comparative Law*, 14(1), 117-138.

Singh, A.R., y Singh, A.N. (2010). "The mental health consequences of being a child soldier – An international perspective". *International Psychiatry*, 7(3), 55-57.

Slone, M. y Shoshani, A. (2017). "Children affected by war and armed conflicts: Parental protective factors and resistance to mental health symptoms". *Frontiers in Psychology*, 8. DOI: https://doi.org/10.3389/fpsyg.2017.01397

Souris, R. (2019). "Virtue ethics, criminal responsibility, and Dominic Ongwen". *International Criminal Law Review*, 19, 475-504. DOI: 10.1163/15718123-01903005

Steinl, L. (2017). *Child soldiers as agents of war and peace. A restorative transitional justice approach to accountability for crimes under International Law.* Asser-Press.

Tiffon, B. y González Fernández, J. (2022). *Atlas forense gráfico-psicométrico. Perspectivas de la psicopatología criminal y forense.* Bosch Editor.

Tribunal Especial para Sierra Leona. *Prosecutor v. Alex Tamba Brima, Brima Bazzy Kamara y Santigie Borbor Kanu*, Trial Chamber II, Caso núm. SCSL-04-16-T, de 20 de junio de 2007.

Tribunal Especial para Sierra Leona. *Prosecutor v. Issa Hassan Sesay, Morris Kallon, Augustine Gbao*, Appeals Chamber, Case No. SCSL-04-15-A, de 26 de octubre de 2009.

Tribunal Especial para Sierra Leona. *Prosecutor v. Charles Ghankay Taylor*, Judgement, Appeals Chamber, Case No. SCSL-03-01-A, de 26 de septiembre de 2013.

Tribunal Penal Internacional para Yugoslavia. *Prosecutor v. Drazen Erdemovic*, Sentencing Judgement, Caso núm. IT-96-22-T, de 29 de noviembre de 1996.

Tribunal Penal Internacional para Yugoslavia. *Prosecutor v. Drazen Erdemovic*, Judgement, IT-96-22-4, de 10 de octubre de 1997.

Tribunal Penal Internacional para Yugoslavia. *Prosecutor v. Anto Furundzija*, Judgement, IT-95-17/1-T, de 10 de diciembre de 1998.

UNICEF (2007). Principios y directrices sobre los niños asociados a fuerzas armadas o grupos armados (Principios de París). https://childrenandarmedconflict.un.org/publications/Paris_Principles_SP.pdf Última consulta, 28 de febrero de 2025.

Los niños soldado en el cine

N. JANIRE RÁMILA DÍAZ

Cada 12 de febrero se celebra el Día Internacional contra el Uso de Niños Soldado, una efeméride muy necesaria cuando se constata que, según Amnistía Internacional, el número de estos niños soldado se ha triplicado en número en los 30 últimos años, hasta alcanzar los más de 300.000 en la actualidad.

La práctica más común, continúa afirmando Amnistía Internacional, es secuestrar a estos niños cuando cuentan unos 8 años, a menudo asesinando a sus familias para evitar toda posible reagrupación futura. Después vendrán la formación paramilitar, los malos tratos, la selección en las tareas según sean niños o niñas...

Un proceso que aparece bien reflejado en la cinta *Diamantes de sangre* (Zwick, 2006), mezcla de cine de aventuras y de denuncia social, en la que varios protagonistas se ven involucrados en el negocio de la extracción de diamantes en Sierra Leona con el marco de su guerra civil de fondo. De tal modo, que por la pantalla irán pasando los diferentes actores que, sabemos, suelen estar presentes en este entramado y que tantos beneficios genera: militares, paramilitares, políticos corruptos, aventureros, soldados de fortuna... Frente a los cuales se posicionan en la cinta misioneros, periodistas y diversos trabajadores de ONGs, que tratan de denunciar la realidad de este negocio y paliar sus negativas consecuencias.

También ambientada en África, pero con mucha más crudeza, se presenta el filme *Johnny Mad Dog: Los niños soldado* (Sauvaire, 2008). Producida en Liberia, uno de los países azotados por esta lacra, la cinta profundiza en la psique de algunos niños soldado, ofreciendo al espectador una cara muy pocas veces vista de esta problemática y enseñando el gran poder que ejerce el azar, los recursos, la familia y la perseverancia en el modelado de nuestras vidas y futuros.

Pero si hay una cinta que refleje con detenimiento y desde el principio el proceso de captación de los niños soldado y su posterior adiestramiento, esa es, *Beasts of no nation* (Fukunaga, 2015).

Ganadora de múltiples premios internacionales, su director, Cary Joji Fukunaga, llegaba de filmar el año anterior una de las mejores miniseries de la historia, la primera temporada de *True Detective*, y ese magistral pulso narrativo lo continuó con *Beasts of no nation*, adaptación de la novela homónima del escritor nigeriano Uzodinma Iweala.

En esta cinta seremos partícipes de la vida de Agu, quien se convierte en niño soldado tras el asesinato de su familia y el cierre de su escuela. Un niño cualquiera, en una nación cualquiera, dentro de una guerrilla cualquiera... De hecho, el título de la película alude a esa historia que puede ser la de cualquier niño africano que, de repente, se ve privado de sus lazos sociales y familiares, para verse involucrado en una sinrazón de violencia y crueldad a los mandos del señor de la guerra de turno.

Dura, impactante, *Beasts of no nation* mantiene con *Johnny Mad Dog: Los niños soldado*, un gran nexo común: la búsqueda de estos niños de su humanidad y de su identidad, aún cuando todo parece perdido para ellos y su único destino es la violencia.

Y saliendo de África, es imposible no hablar de *Ciudad de Dios* (Meirelles, 2002). Porque la realidad de los niños soldado no solo se circunscribe a los conflictos armados africanos, también al reclutamiento forzoso de menores en los cárteles de la droga, donde se les trata como carne de cañón o como primera línea de avanzada en sus negocios criminales y en los ajustes de cuentas con bandas rivales.

Y sí, reclutamiento forzoso, porque, aunque *Ciudad de Dios* presente a pequeñas organizaciones criminales con una falsa apariencia de libertad en su seno, lo cierto es que la pobreza, la marginación, la violencia y la falta de futuro de las favelas brasileñas es lo que mueve a estos menores a involucrarse en el narcotráfico como el medio más efectivo para salir, no ya de la pobreza, sino de la auténtica miseria en la que se han convertido sus vidas.

El menor, efecto colateral en tiempos de guerra[1]

DR. ÓSCAR ANDRÉS MOLINA
Profesor de Derecho
Universidad Europea de Madrid
Facultad de Ciencias Jurídicas, Educación y Humanidades
Departamento de Ciencias Jurídicas y Humanidades
Campus de Villaviciosa, Calle Tajo s/n, 28670, Villaviciosa de Odón, Madrid, España

1. INTRODUCCIÓN

Históricamente hablando, se puede observar que a lo largo de todos los siglos de los que se tienen constancia, tanto los seres humanos como los conflictos bélicos han estado estrechamente vinculados. Es más, incluso hoy en día podemos afirmar que la guerra y las personas siguen siendo elementos que se suelen unir con bastante recurrencia.

Para intentar identificar un nexo causal que justifique o que dé peso a esta continua sinergia entre la guerra y las personas es necesario plantearse diferentes preguntas que puedan poner en contexto a estas situaciones que no dejan de repetirse a lo largo del tiempo.

Antes de definir qué es la guerra y de cara a poder comprender la verdadera dimensión que tiene dicho concepto en la humanidad, creo que es preciso plantearse preguntas como:

---

1 Esta investigación ha sido fruto de la estancia de investigación realizada en la Universidad Rey Juan Carlos, comprendida en el periodo del 9 de septiembre de 2024 al 22 de enero de 2025.

¿se pueden evitar las guerras? ¿Los seres humanos somos guerreros por naturaleza? ¿Existen guerras que puedan estar bajo control? ¿Podrían regularse las guerras a partir de algún sistema jurídico? ¿Hay alguna guerra que pueda respetar los principios y valores éticos y que, por ende, no resulte cruel?

Una vez planteadas algunas de las preguntas más relevantes que giran en torno a este concepto, es necesario afrontar la pregunta: ¿Qué es la guerra? A lo largo de la historia conocida, este concepto ha tenido innumerables definiciones y se ha justificado como única vía de resolución de conflictos en infinidad de ocasiones. Es por este motivo que se considera que es necesario profundizar un poco más en el concepto y no quedarse en definiciones simples como "la guerra es la ausencia de la paz" o la guerra es un enfrentamiento entre seres humanos mediante el uso de armas. Pese a que este tipo de definiciones no dejan de ser válidas, creo que no tienen en cuenta algunos de los aspectos más importantes que se encuentran estrechamente ligados a este término, y que de alguna forma u otra generan la convicción y la determinación de las personas para ir a la guerra. Algunos de estos elementos que se deben de tener en cuenta, de cara a afrontar la definición de la guerra, son el ámbito social, el ámbito político, el ámbito jurídico. los principios y valores éticos de la época y el paradigma social en general de ese momento (Reina Sánchez, 2004).

Basándonos en las consideraciones de Thomas Nagel, podríamos definir la guerra como aquel acto humano escogido en determinadas ocasiones para resolver un conflicto. Dicha decisión suele estar motivada por diversos ideales e intereses específicos del momento histórico o el punto geográfico en el que se encuentren. Es más, Thomas Nagel ha clasificado la guerra como una forma más de relacionarnos los unos con los otros a través de las agresiones y los conflictos (Nagel, 2000). A través de esta definición podemos subrayar que los seres humanos tienen el control de sus propias acciones y que, de la misma manera que han dado inicio a una guerra a través de sus acciones, también pueden darle fin.

Otro enfoque para tener en cuenta es el que aporta Vilma L. Franco, ya que considera que la guerra es ante todo un hecho social, es decir, un acto que debe integrar grupos sociales y no individuos concretos. Vilma L. Franco considera que la guerra se debe entender como una construcción social formada por colectivos con una estructura políticamente organizada con la que pretenden someter al otro colectivo y hacer prevalecer su voluntad. A través de este enfoque hay que hacer hincapié en que una guerra no puede realizarse por una sola persona o un único grupo de personas, ni tampoco puede darse entre el ser humano y algún otro ser vivo de otra naturaleza, es decir, que la guerra siempre estará compuesta por al menos dos grupos de seres humanos que tengan convicciones y pretensiones opuestas o contrarias (Franco, 2001).

Independientemente del enfoque o del planteamiento que queramos darle al término de la guerra, es innegable que las consecuencias y los efectos adversos son nefastos en prácticamente todos y cada uno de los ámbitos y contextos de la vida, ya no solo por la destrucción de los bienes materiales, sino también por las lesiones permanentes de las personas que participan en ellas. Ya sea desde un punto de vista físico o psicológico, las muertes que van dejando a su paso, los niños que se quedan huérfanos y el impacto medioambiental irreparable que deja en nuestro planeta. En la actualidad, dichos efectos adversos se pueden ver incrementados debido al crecimiento y potenciamiento de la capacidad de fuego que presentan no solo las armas de fuego sino también las armas químicas.

2. DERECHOS FUNDAMENTALES

A lo largo de la historia conocida, los seres humanos hemos podido comprobar de lo que la gente en tiempos de guerra es capaz de hacer. Las atrocidades que algunas personas cometen frente a otras, con tal de imponer sus ideas y de hacer prevalecer su poder y su reinado. Independientemente del enfoque o la justificación que se dé a la guerra, hay unos principios, unos valores y unos derechos mínimos que jamás se deberían vulnerar y que siempre se deberían respetar. Estamos hablando de los derechos fundamentales.

Los derechos fundamentales son aquellos derechos inherentes a la persona. Es decir, son todos aquellos derechos inalienables e irrenunciables a toda persona, simplemente por el mero hecho de serlo, que se les deben de reconocer por su dignidad.

Tanto las personas como los poderes públicos deberán respetarlos bajo cualquier condición si quieren actuar conforme a la Ley. Estos derechos están configurados de tal manera que son capaces de señalar el límite de actuación de los demás y en el caso de no ser respetados se deberá sancionar a la persona o poder público que lo haya vulnerado. Es necesario destacar que la diferencia principal entre los derechos fundamentales y los derechos humanos está relacionada con el territorio. Es decir, los derechos humanos no tienen una limitación territorial, ya que son atribuibles a todas las personas sin importar el territorio o su condición social, personal o económica. Sin embargo, los derechos fundamentales son aquellos que se encuentran recogidos en la Constitución Española (CE).

Los derechos y deberes fundamentales en España se encuentran regulados en el Título I de la CE, aunque hay otras organizaciones internacionales de las que forma parte el Estado español que disponen de su propio catálogo de derechos humanos o derechos fundamentales, como son la Unión Europea, conforme a su Carta de los Derechos Fundamentales, o la Organización de las Naciones Unidas (ONU) a través de la Declaración Universal de Derechos Humanos.

A través de la CE se pretende consolidar un Estado de Derecho que asegure el imperio de la ley como expresión de la voluntad de las personas. Además, tiene como objetivo promover la justicia, la libertad y la seguridad.

Con relación a nuestro estudio, es necesario hacer hincapié en varios de los artículos que forman parte de la CE y que, a su vez, son de vital importancia.

Comenzamos por el artículo 10 del Capítulo Primero, cuya regulación trata la dignidad de la persona y su libre desarrollo. Estos derechos son inherentes a la persona, y son fundamento del orden político y de la paz social.

Por otra parte, también es necesario destacar en el Capítulo Segundo, sobre "Derechos y libertades", en el que da comienzo la regulación propiamente dicha de los derechos fundamentales a través del artículo 14 que trata sobre la igualdad ante la ley y establece que no se podrá discriminar por motivos de raza, sexo, religión o cualquier otra circunstancia personal o social. Además, es preciso destacar las dos secciones que conforman dicha regulación. La primera sección se encuentra articulada entre los artículos 15, que regula el Derecho a la vida y a la integridad física y moral de las personas sin que puedan ser sometidos a tortura ni a penas ni a tratos inhumanos o degradantes, hasta el artículo 29 sobre el Derecho de petición. Dicha sección trata sobre "los Derechos fundamentales y de las libertades públicas". La segunda sección trata sobre "los derechos y deberes de los ciudadanos" y su regulación abarca desde el artículo 30, que regula el servicio militar y la objeción de conciencia, hasta el artículo 38, que regula la libertad de empresa en el marco de la economía de mercado.

Los derechos fundamentales están regulados en diferentes ámbitos dentro de la sociedad. Algunos ejemplos de ello son: Con relación al ámbito personal debemos hacer hincapié en el derecho a la vida, que se encuentra recogido en el artículo 15. En el ámbito público es necesario destacar la igualdad ante la ley, recogido en el artículo 14, y la libertad de expresión y el derecho a la información, que queda recogido en el artículo 20. En el ámbito socioeconómico hay que destacar el derecho a la educación libre y gratuita, que queda regulado en el artículo 27.

3. LA CARTA DE LAS NACIONES UNIDAS

Es importante destacar, cuando se habla de conflictos bélicos, la carta de las Naciones Unidas, ya que es el tratado internacional donde se muestran los principios básicos de las relaciones internacionales, que van desde la igualdad soberana de los Estados a la prohibición de uso de la fuerza. Esta Carta se firmó en San Francisco, el 26 de junio de 1956, y entró en vigor el 24 de octubre de ese mismo año.

Consta de un total de 111 artículos divididos en 19 capítulos, donde se promueven los principios de la libertad, la justicia y la paz en el mundo. Dichos principios se basan en el reconocimiento de la dignidad y de los derechos iguales e inalienables de todos los seres humanos, simplemente por el mero hecho de serlo.

Haciendo hincapié en los propósitos y principios de las Naciones Unidas, podemos observar que han quedado recogidos en el primer capítulo de esta Carta. En su Artículo 1 hace referencia a los propósitos, mientras que los principios se ven reflejados en el Artículo 2.

Si comenzamos analizando los propósitos que se indican en el Artículo 1, podemos comprobar que lo primero que se indica es el propósito de mantener la paz y la seguridad internacional, y para ello será necesario tomar medidas eficaces para prevenir y eliminar toda amenaza a la paz, así como todo acto de agresión o de riesgo de poner en peligro la paz, con el objetivo de resolver cualquier conflicto mediante medios pacíficos. Para ello, y como también se indica, es necesario fomentar las relaciones de amistad entre las naciones, y que estas relaciones se basen en el principio de la igualdad de derechos y al de la libre determinación de los pueblos, así como respetar los derechos y las libertades de los seres humanos, sin hacer distinción por motivos de raza, sexo, idioma o religión.

Los principios que se muestran en el artículo 2 se basan en la igualdad soberana de todos sus miembros. Los miembros de la Organización deberán arreglar sus problemas de forma pacífica, evitando en todo momento poner en peligro la paz, la seguridad internacional y la justicia. No utilizarán amenazas ni el uso de la fuerza contra la integridad o independencia política en sus relaciones internacionales, y será necesario que presenten toda clase de ayuda en cualquier acción que ejerza de conformidad con esta Carta, siendo necesario que, en el caso de que la Organización estuviera realizando alguna acción preventiva o correctiva a otro Estado, se mantuviera al margen.

Estos dos artículos son la base de la Carta de la Naciones Unidas. El resto de los artículos se encuentran dentro de los 18 capítulos restantes, donde nos podremos encontrar los capítulos sobre: los miembros, el Órgano, la Asamblea General, el Consejo de Seguridad, el arreglo pacífico de la controversia, la acción en caso de amenazas a la paz, quebrantamientos de la paz o actos de agresión, los acuerdos regionales, la cooperación internacional económica y social, el Consejo Económico y Social, la declaración relativa a territorios no autónomos, el régimen internacional de administración fiduciaria, el Consejo de Administración Fiduciaria, la Corte Internacional de Justicia, la Secretaría, disposiciones varias, los acuerdos transitorios sobre seguridad, las reformas y, por último, el capítulo donde se habla de la ratificación y de la firma de la Carta.

4. DECLARACIONES QUE PROMUEVEN UNA PROTECCIÓN ESPECIAL A LOS NIÑOS

Es importante conocer, desde un punto de vista cronológico, como a lo largo de la historia se han ido creando e impulsando los derechos de los niños, desde la primera vez que se implementó una declaración, hasta las últimas convenciones específicas del menor, para así poder entender su evolución.

Comenzaremos hablando de la Declaración de Ginebra de 1924, donde se reconoce por primera vez la existencia de derechos específicos de los niños, además de la responsabilidad que los adultos tienen con ellos.

Está declaración fue creada por la Sociedad de las Naciones, que es la predecesora de la Organización de Naciones Unidas, y consta de cinco artículos. En ellos se hace referencia a las obligaciones de atención al menor en caso de encontrarse hambriento, enfermo, desadaptado, así como de encontrarse en situación de abandono. Por otro lado, se impone la necesidad de que los niños deben tener prioridad en recibir socorro en caso de calamidad, así como la necesidad de ser protegidos en caso de cualquier explotación.

A partir de este momento existe un texto donde se reconoce, de forma específica, los derechos de los niños. Este texto no tenía fuerza vinculante para los Estados, pero es el que da el inicio, más adelante, a que se generen declaraciones y convenciones específicas sobre los derechos del niño, aportando así las bases para su creación.

Continuando con la cronología, el 10 de diciembre de 1948, las Naciones Unidas adoptan la Declaración Universal de Derechos Humanos (UDHR). Este documento es considerado como el texto que marca un hito histórico en lo relacionado con los derechos humanos a nivel global, ya que se va a disponer de un documento donde se indique, por primera vez, los derechos humanos fundamentales que se deben proteger a nivel mundial. Estos derechos fundamentales se basan en que todas las personas son libres e iguales, sin distinción alguna, por motivos de raza, color, sexo, idioma, religión, opinión política o de otra índole.

La Asamblea General de las Naciones Unidas, en diciembre de 1966, y con el objetivo de mejorar los derechos humanos internacionales, adopta dos nuevos tratados: El Pacto Internacional de los Derechos Económicos, Sociales y Culturales (ICESCR), y el Pacto Internacional de Derechos Civiles y Políticos (ICCPR). La unión de estos dos pactos y la Declaración Universal de los Derechos Humanos se conoce como la Carta Internacional de los Derechos Humanos.

Basada en la Declaración de Ginebra de 1924, la Asamblea General de las Naciones Unidas, en 1959, aprueba la Declaración de los Derechos del Niño. Esta declaración consta de diez principios que carecen de carácter jurídicamente vinculante, y en ellos se refleja los mismos derechos existentes en la Declaración de Derechos Humanos pero especificados exclusivamente para el menor.

Es importante destacar el Principio 2 de la Declaración de los Derechos del Niño, donde se considera fundamental el interés superior del niño, ya que será la base fundamental de la creación, en 1989, de la Convención sobre los Derechos del Niño.

Aunque en 1924 ya hubiese alguna referencia sobre los derechos de los niños, no es hasta la Convención sobre los Derechos del Niño donde se empieza a tener en cuenta los derechos específicos de los niños en los conflictos armados.

5. CONVENCIÓN SOBRE LOS DERECHOS DEL NIÑO

La Convención sobre los Derechos del niño es el primer trato donde se expone, de forma concreta, artículos específicos de los derechos del menor en los conflictos armados.

Esta Convención fue aprobada y abierta a firma y ratificación por la Asamblea General en su resolución 44/25 el 20 de noviembre de 1989 y entró en vigor el 2 de septiembre de 1990.

Si nos centramos en su contenido, podremos indicar que esta convención consta de un total de 54 artículos, divididos en 3 partes, y de dos protocolos facultativos, uno de ellos dedicado exclusivamente a la participación de niños en los conflictos armados.

En la primera parte de la Convención, constituida por 41 artículos, se indica lo siguiente:

- En los 5 primeros artículos se habla de que, a no ser que en virtud de la ley que sea aplicable se haya alcanzado la mayoría de edad antes, se entiende por niño todo ser humano menor de 18 años. Por otro lado, se indica que todos los Estados Parte respetarán los derechos indicados en esta Convención y tomarán todas las medidas necesarias para proporcionar la protección y cuidado necesarios para su bienestar.

- En los artículos 6 al 8 se habla del derecho a la vida del niño y de su identidad. Además de indicar que los Estados Parte se comprometen a respetar el derecho del niño a preservar su identidad.
- En el artículo 9, 10 y 11 se habla de que los Estados Parte velarán porque el niño no sea separado de sus padres en contra de la voluntad de ellos, salvo que las autoridades competentes, en conformidad con la ley, determinen lo contrario.
- En los artículos 12 al 17 se indica que los Estados Parte garantizan al niño: expresar su opinión libremente en los asuntos que le afecten, en función de la edad y la madurez del niño; la libertad de expresión; la libertad de pensamiento, de conciencia y de religión; la libertad de asociación y de celebrar reuniones pacíficas; no ser objeto de injerencias arbitrarias o ilegales en su vida privada, familiar, domicilio o correspondencia; el acceso a la información y al material procedentes de diversas fuentes nacionales e internacionales.
- En el artículo 18 se habla sobre garantizar que ambos padres tengan obligaciones comunes en lo que respecta a la crianza y el desarrollo del niño, presentado la asistencia apropiada a los padres para garantizar que se cumplan los derechos presenten en este Convenio.
- En los artículos 19 al 23 se explica como los Estados Parte adoptarán todas las medidas legislativas, administrativas, sociales y educativas para la protección del niño en caso de abusos físicos o mentales, así como que todo niño que, temporal o permanentemente, no disponga de una familia será protegido por ellos. Además de indicar la obligación de los Estados Parte en asegurar la dignidad y que disfruten de una vida plena de los niños mental o físicamente impedidos.
- Los Estados Parte, desde el artículo 24 al 32 reconocen el derecho del niño: al disfrute del más alto posible de salud y al tratamiento de enfermedades y rehabilitación; a un

examen periódico a aquellos niños que han sido internados en establecimientos con fines de atención, protección o tratamiento de su salud física o mental; beneficiarse de la seguridad social; nivel de vida adecuado para su desarrollo físico, mental, espiritual, moral y social; a la educación; que pertenece a minorías étnicas, religiosas, lingüísticas o personas de origen indígena; al descanso y el esparcimiento; contra la explotación económica y el desempeño de cualquier trabajo peligroso o que entorpezca su educación.

- En los artículos 33 hasta el 36, los Estados Parte se comprometen a adoptar las medidas necesarias para proteger a los niños: del uso ilícito de estupefacientes y sustancias psicotrópicas e impedir que se utilicen en la producción y el tráfico de ellas; contra todas las formas de explotación y abuso sexual; el secuestro, la venta o la trata; el resto de las formas de explotación.
- El artículo 37 indica que se velará porque el niño: no sea sometido a torturas o similares; sea privado de su libertad; si ha sido privado de su libertad por conformidad con la ley, se velará porque sea tratado con humanidad y respeto y que tenga acceso a la asistencia jurídica adecuada.
- El artículo 38 trata de forma específica los derechos de los niños en los conflictos armados. Se especifica que los Estados Parte se asegurarán de la no participación directa en las hostilidades a los menores de 15 años y que no se recluten en las fuerzas armadas a menores de 15 años. Además, los Estados Parte adoptarán todas las medidas posibles para asegurar la protección y el cuidado de los niños afectados por un conflicto armado.
- El artículo 39 trata sobre la necesidad de tomar medidas específicas en los casos de niños víctimas de abusos, abandono, tortura, conflictos armados, para su recuperación tanto mental como física.

- El artículo 40 habla de los niños que hayan infringido las leyes penales para que se tenga en cuenta que se debe fortalecer el respeto del niño por los derechos humanos y las libertades fundamentales de terceros y que se tenga en cuenta la edad del niño y la reintegración.
- Y, por último, el artículo 41 indica que nada de lo dispuesto en esta Convención afectará a otras leyes existentes más contundentes sobre los derechos del niño.

Los artículos correspondientes a la Parte II y la Parte III de esta Convención versan sobre el compromiso de los Estados Parte en dar a conocer esta información, tanto a los adultos como a los niños, y de la creación del comité de los derechos del niño. Se indica como se creará este Comité y la periodicidad de las reuniones. Por otro lado, y en sus últimos artículos, hace referencia a la firma de esta Convención.

El 25 de mayo de 2000 se aprueba y se abre a firma, ratificación y adhesión por la resolución 54/263 de la Asamblea General, el Protocolo Facultativo de la Convención sobre los Derechos del Niño relativo a la participación de niños en los conflictos armados, entrando en vigor el 12 de febrero de 2002.

Este protocolo específico a los niños en los conflictos armados consta de 13 artículos. El objetivo de este protocolo es aumentar la protección de los niños víctimas de conflictos bélicos. Una de las cosas que expone es la necesidad de que los Estados Parte controlen que no se reclute de forma obligatoria a niños menores de 18 años, además de adoptar todas las medidas necesarias para que los menores de esta edad no participen directamente en situaciones belicosas.

Por otro lado, se indica que es necesario que se eleve la edad mínima indicada en el párrafo 3 del artículo 38 de esta Convención en el reclutamiento voluntario, teniendo los Estados Parte en cuenta que los menores de 18 años tienen derecho a una protección especial. Cuando cada Estado Parte ratifique este protocolo, es necesario que presenten una declaración vinculante donde se ponga de manifiesto la edad mínima establecida para el reclutamiento voluntario, así como las medidas que haya adoptado para asegurar que ese reclutamiento es voluntario y no realizado por fuerza o por coacción.

En los casos en que los Estados Parte permitan el reclutamiento voluntario a menores de 18 años, se deberá asegurar que se realice realmente de forma voluntaria, además de con el consentimiento informado de padre o tutores y que el menor es consciente y está correctamente informado de los deberes que supone ser militar.

6. LOS NIÑOS SOLDADO

El Derecho Internacional Humanitario tiene reconocida una protección especial para las personas más vulnerables, haciendo hincapié en los niños menores de quince años que se encuentran dentro de los conflictos armados. Se protege a los niños como miembros de la población civil y, como tal, queda totalmente prohibido reclutarlos o alistarlos en los conflictos armados (Rodríguez-Villasante y Prieto, 2011). La Convención de los Derechos del Niño elevó dicha edad hasta los dieciocho años.

Históricamente hablando, se ha podido comprobar que, de forma recurrente, se producen crímenes de guerra de forma injusta contra los niños. Ante las continuas violaciones de las normas que protegen a las víctimas de los conflictos armados, y en especial a los niños, es inevitable plantearse si los sistemas jurídicos actuales de los Estados son lo suficientemente efectivos para combatir la continua vulneración de los derechos de los niños en la guerra.

Es necesario subrayar que deben de ser los propios Estados los indicados para enjuiciar a los responsables de los crímenes de guerra. Por este motivo, el Estado español, pese a que su Código Penal ya tuviese regulado algunos preceptos que protegían a los niños en caso de conflictos armados, a través de la Ley Orgánica 10/1995, de 23 de noviembre, fue modificado por ley orgánica 5/2010, de

22 de junio, que entró en vigor el 23 de diciembre de 2010 para incorporar la incriminación de diferentes conductas que no estaban recogidas como el reclutamiento de menores de dieciocho años o la incorporación de menores en acciones de hostilidad.

Por otra parte, el Estatuto de Roma de la Corte Penal Internacional, de 17 de julio de 1998, en su artículo 6 incrimina el genocidio y contempla la protección de los niños.

7. EL CONSENTIMIENTO DE LAS PERSONAS

El consentimiento constituye una declaración de voluntad de las personas, que consiste en que una persona se comprometa y se obligue a sí misma a realizar una acción concreta. Para que sea válido dicho consentimiento desde un punto de vista legal, es necesario que la persona que se comprometa a realizar la acción sea capaz, es decir, que sea plenamente consciente de lo que está haciendo y de las implicaciones que suponen realizar dicho acto. Además, el consentimiento deberá de otorgarse de forma libre y voluntaria, lo que supone que el consentimiento se debe tomar exento de cualquier vicio o presión externa, ya sea a través de cualquier tipo de amenazas o como contraprestación de un objeto ilícito.

Basándonos en el artículo 1517 del Código Civil, también podemos definir el consentimiento como aquella declaración de voluntad sobre un objeto. Toda declaración de voluntad debe tener como objetivo una o más cosas en las que una persona se comprometa a dar, hacer o no hacer.

Con relación al consentimiento dentro del ámbito sanitario es necesario tener en cuenta la Ley 41/2002, de 14 de noviembre, básica reguladora de la autonomía del paciente y de derechos y obligaciones en materia de información y documentación clínica, ya que subraya el derecho que tienen los pacientes a recibir una información adecuada y clara, previa al consentimiento que tienen que otorgar antes de recibir diversas asistencias y actos clínicos.

El consentimiento informado podrá ser otorgado para acciones como: procedimientos diagnósticos –ya sean invasivos o no–, tratamientos, experimentación o donación de órganos entre otros.

Independientemente del ámbito donde se otorgue el consentimiento, podemos observar que hay unos requisitos mínimos indispensables para que se considere válido desde un punto de vista legal. Por este motivo, de cara a poder formar parte de una guerra, y más aún si eres menor, creo que es fundamental respetar estos requisitos. Ya que el consentimiento en numerosas ocasiones solamente puedes otorgarlo si eres mayor de edad. De lo contrario, será considerado nulo. Además, el consentimiento no podrá provenir por parte de personas que sean consideradas por ley incapaces. El consentimiento deberá expresarse ejerciendo la libertad individual, por lo que no podrá aceptarse si se obtiene a través del uso de la fuerza. Es necesario subrayar que debe existir una concordancia entre lo que se pretende conseguir y lo que se ha aceptado, es decir, en caso de error o engaño quedaría viciado el consentimiento.

Es necesario aclarar que legalmente no solo basta con obtener el consentimiento, sino que además es importante saber la forma en la que se obtiene, es decir, se tienen que cumplir una serie condiciones para lograr su validez. Dichas condiciones son:

- Capacidad. Se refiere a que la persona que quiera otorgar el consentimiento debe de tener un uso pleno de sus facultades mentales e intelectuales que le permitan ser consciente de cada alternativa y cada riesgo.
- Posesión del derecho. Es necesario que la persona que otorgue el consentimiento sea el titular del derecho.
- Libertad. Es necesario que la persona que otorgue el consentimiento no esté sometido a ninguna presión social, familiar ni por parte de ningún organismo externo.
- Información adecuada. La información que se le dé a la persona que tiene que dar su consentimiento debe de ser verdadera, clara y comprensible.

- Causa o motivo del acto. La causa o el motivo del acto debe de ser lícito y debe de ser posible y real.

Con relación al consentimiento del menor en conflictos armados, es necesario destacar que la Asamblea General de las Naciones Unidas aprobó en Nueva York, el 25 de mayo de 2000, el Protocolo Facultativo de la Convención sobre los Derechos del Niño, sobre la participación de niños en conflictos armados, y fue ratificada por 139 Estados, entre los cuales se encuentra España (Jeannet y Mermet, 1988).

En dicho Protocolo Facultativo se establece que la edad mínima para poder alistarse deberá determinarse en dieciséis, diecisiete, dieciocho o más años de edad, siempre que se pueda garantizar que el alistamiento es realmente voluntario, que el consentimiento para dicho alistamiento se realiza con el consentimiento informado de los padres o personas que tengan la custodia legal, que la información a los menores referente a los servicios militares sea completa y clara, y que se puedan presentar pruebas fiables de la edad real del menor (Ojinaga Ruiz, 2002).

8. LA CORTE PENAL INTERNACIONAL Y SUS SENTENCIAS

Uno de los mayores acontecimientos relacionados con los crímenes de guerra y los derechos de los niños en los conflictos armados fue que, el 17 de julio de 1998, se firmó el Estatuto de Roma, cuyo objetivo era la creación de la Corte Penal Internacional para convertirse en el organismo encargado de juzgar a los responsables de crímenes contra la humanidad, el genocidio y los crímenes de guerra. Este estatuto entró en vigor el 1 de julio de 2002.

En 2010, en Kampala, se realizó la Conferencia de Revisión del Estatuto de Roma, donde, además de los crímenes anteriormente expuestos, la Corte Penal Internacional también se encargaría de juzgar los crímenes de agresión.

Este Estatuto consta de 13 secciones y un total de 128 artículos. En relación con el tema a tratar, nos tendremos que centrar en el Artículo 8, que se encuentra dentro de la segunda sección llamada "*Parte II. De la competencia, la admisibilidad y el derecho aplicable*".

Dentro del Artículo 8, que hace referencia a los crímenes de guerra, deberíamos destacar dos de ellos, el Artículo 8.2.b.xxvi y el Articulo 8.2.e.vii. En el primero se hace referencia a: "*Reclutar o alistar a niños menores de 15 años en las fuerzas armadas nacionales o utilizarlos para participar activamente en las hostilidades*", mientras que en el segundo se hace a referencia a: "*Reclutar o alistar niños menores de 15 años en las fuerzas armadas o grupos o utilizarlos para participar activamente en hostilidades*". Se podría matizar que ambas especificaciones son prácticamente similares, a excepción de que en el primero se incorpora el matiz de "nacionales" cuando se refiere a las fuerzas armadas, mientras que, en el segundo, cuando hace referencia a "grupos", es donde hace referencia a los conflictos armados no internacionales. Por lo que, podríamos indicar que el artículo 8.2.b.xxvi no incluye la responsabilidad de aquellos reclutamientos que puedan realizar otros grupos armados de carácter no estatal, como, por ejemplo, los movimientos de liberación nacional (Pradas, 2007).

La primera sentencia condenatoria que dictó la Corte Penal Internacional, que además fue por crímenes de guerra de reclutamiento o alistamiento de niños menores de 15 años, fue en marzo de 2012 cuando se condenó a Thomas Lubanga Dyilo por estos delitos. Lubanga era comandante militar del Reagrupamiento Congoleño para la Democracia-Movimiento de la Liberación Nacional (RDC-ML), siendo activo principal en las guerras del Congo de 1996 a 1997, y en la guerra que tuvo lugar desde 1998 hasta 2003. En 2001 funda la Unión de Patriotas Congoleños (UPC) y las Fuerzas Patrióticas para la Liberación del Congo (FPLC), con el objetivo de exigir la autonomía de la región de Ituri (Bustos, 2013), y es precisamente en la creación de estos grupos donde Lubanga reclutó y obligó a combatir a los niños y niñas menores de 15 años, además de obligar a los niños a convertirse en los guardaespaldas de sus superiores, así como obligó a las niñas a convertirse en esclavas sexuales (López Martín, 2012).

En agosto de 2006 fue acusado por la Fiscalía de crímenes de guerra, en concreto de "*reclutamiento, aislamiento y uso de niños y niñas menores de quince años en un conflicto armado interno durante el periodo de 1 de septiembre de 2002 y 13 de agosto de 2003*", siendo polémica esta decisión, ya que, además de este delito, hay pruebas que demuestras que la FPLC, bajo su mandato, cometió otros crímenes de guerra tipificados en el Estatuto de Roma, como, por ejemplo, los relacionados con la esclavitud sexual. La decisión de solo acusarle de un crimen de guerra fue criticada incluso por los propios jueces de la Corte, y la única justificación que dio el fiscal del caso fue que era por motivos de agilizar el caso, algo sorprendente teniendo en cuenta que, al final, y por errores del fiscal, el proceso duró más de seis años (López Martín, 2012).

Es el 14 de marzo de 2012 cuando la Corte Penal Internacional sentencia a Thomas Lubanga Dyilo con un veredicto de culpabilidad a título de coautor del crimen de guerra tipificado en el artículo 8.2.e.vii del Estatuto de la CPI (PROSECUTOR v. THOMAS LUBANGA DYILO, marzo 2012), siendo condenado a 14 años de prisión.

Relacionado con esta sentencia histórica, ya que ha sido la primera sentencia ejecutada por el CPI, le sigue la sentencia del 7 de agosto de 2012 sobre la reparación de las víctimas de Lubanga (PROSECUTOR v. THOMAS LUBANGA DYILO, agosto 2012). En ella, y siendo algo bastante peculiar, se indica que no va a ser la Sala de Primera Instancia quien va a decidir las medidas concretas de reparación para cada una de las víctimas, sino que delega esta tarea en el Fondo Fiduciario en Beneficio de las Victimas, creado con el objetivo de ayudar a la Corte a reparar a las víctimas de los crímenes que se encuentran bajo su competencia, como se indica en el artículo 79 del Estatuto de Roma. Además, dado que Thomas Lubanga se declaró indigente y sin ningún bien a su nombre, estas reparaciones serían financiadas por el Fondo Fiduciario para las Víctimas.

Esta sentencia ha sido apelada, tanto por víctimas como por el propio acusado. En marzo de 2015, el CPI dictó su veredicto sobre la apelación de las reparaciones en el caso de Lubanga (PROSECUTOR v. THOMAS LUBANGA DYILO, marzo 2015), definiendo los principios de reparación de las víctimas, además de indicar las instrucciones al Fondo Fiduciario para que aplicase las reparaciones y así las víctimas de estos crímenes reciban finalmente su compensación. Además, subraya que la responsabilidad de la reparación de las víctimas es del acusado, independientemente de que se declare indigente, y que aunque el Fondo Fiduciario comience a ocuparse de las reparaciones, en el futuro puede solicitar a Thomas Lubanga el reembolso (FIDH, 2015).

Otra de las sentencias más importantes emitidas por esta Corte, relacionada con la utilización de niños soldado, ha sido la condenada a Dominic Ongwen, comandante del Ejército de Resistencia del Señor (LRA), grupo armado que operaba principalmente en el norte de Uganda. Es en febrero de 2021 cuando la Corte Internacional da a conocer la sentencia de culpabilidad de 61 cargos de conductas constitutivas de crímenes de lesa humanidad y de guerra, entre los años 2002 y 2005 en el Norte de Uganda. La decisión tomada por la Corte es considerada histórica por varias razones, dentro de las que se encuentran: ser la condenada más alta a nivel de número de cargos; ser la primera condenada por crímenes de guerra más allá de la violencia sexual, así como la primera condenada por embarazado forzoso; es la primera sentencia contra un niño soldado por crímenes que cometió siendo adulto. (Villamil, 2022)

Una de las principales características que hay que abordar en relación con esta sentencia y el tema a tratar es que Dominic Ongwen, como ya se ha comentado, fue secuestrado por el LRA cuando era menor, por lo que se convirtió en un niño soldado. Una vez que fue creciendo fue ascendiendo en la organización hasta llegar a convertirse en cabecilla de la organización y ser acusado por la Corte por crímenes de guerra, es decir, existe la polémica de estar acusando a un niño soldado de crímenes de guerra, siendo uno de ellos el secuestro y reclutamiento de niños menores de 15 años. Este planteamiento fue expuesto por la defensa, alegando que, debido a la situación traumática de los hechos ocurridos durante su secuestro, Dominic padecía una enfermedad mental y estaba privado de su libertad, siendo Joseph Kony, jefe supremo del LRA, la persona que obligaba a base de amenazas a que realizara los actos por los que se le estaba acusando, algo que tras las alegaciones de la fiscalía y las declaraciones de testigos, la Corte determinó que su secuestro no fue relevante con las decisiones y los actos que Ongwen había tomado en su edad adulta y por los que estaba siendo acusado. (Cox, 2021).

Dominic Ongwen fue condenado a 25 años de prisión por los 61 delitos de los que fue declarado culpable (PROSECUTOR v. DOMINIC ONGWEN, febrero 2021).

9. LA GUERRA COMO RECURSO CINEMATOGRÁFICO: *EL SEÑOR DE LA GUERRA*

El mundo cinematográfico es un recurso que se ha utilizado a lo largo de la historia de forma frecuente para reproducir y representar acontecimientos históricos, tanto de forma real como ficticia. En ocasiones, muestra realidades y mundos utópicos en el que las personas sueñan estar y en otras situaciones o acontecimientos históricos crueles y desagradables que perturban a la sociedad y a los espectadores. Sea como sea, creo que todo el mundo ha escuchado alguna vez la frase de "la realidad supera a la ficción". Dicho recurso, en ocasiones, se ha utilizado para conmemorar personas o acontecimientos históricos que, dependiendo de en qué grupo colectivo te encuentres, puedes estar más o menos de acuerdo en la forma de reproducir y emitir la película.

En este epígrafe nos centraremos en la película *El señor de la guerra*, que se centra en la historia del mayor traficante de armas de finales del siglo XX, Viktor Bout. Fue estrenada en el año 2005, y fue dirigida por Andrew Niccol. En esta película nos cuenta la vida del ucraniano Yuri Orlov, apodado como el señor de la guerra por su red ilegal de venta de armas. Esta película es un claro ejemplo de las innumerables reacciones que puede generar un recurso cinematográfico, ya que desde que se estrenó, siempre ha estado rodeada de mucha polémica. Dicha polémica se debe a que, a lo largo de la película, el protagonista Yuri Orlov es presentado como una persona amable con la que puedes empatizar, cuando, en realidad, es considerado como uno de los mayores monstruos de la historia. Además, su marcado discurso mercantilista se presenta como un ejemplo de crecimiento y éxito personal en lugar de ser una tragedia humana. La película puede generar una constante ambivalencia moral en la que, dependiendo del punto de vista desde donde se mire, puedes empatizar más o menos con el protagonista. Además, se dice que tanto la historia real como la película están llenas de medias verdades y cuestiones algo turbias.

El protagonista finalmente reconoce que su verdadero nombre es Viktor Bout y en la realidad es una persona que tiene un pasado oscuro y está relacionado con el ejército soviético. A lo largo de la película se hacen referencias a acontecimientos devastadores como la masacre de Shabra y Shatila en el Líbano. De hecho, si nos fijamos bien, podemos observar que una constante en la película es que en cada zona donde el protagonista pasa a hacer negocios, se ve el coste humano y social que produce su mercado de venta de armas de fuego.

A lo largo de la película se puede observar que sus negocios pasan por el gobierno de Angola, por la alianza del norte afgana, por las regiones de Somalia y también se hace hincapié en el tráfico de armas ilegal en el Líbano, entre otras regiones. Su apoyo humanitario y sus campañas junto a Estados Unidos y la Unión Europea le mantuvo a salvo durante muchos años. Se dice que su negocio comenzó con la caída de la Unión Soviética.

En esta película también se hace referencia a los diamantes de sangre como método de pago, que, según el protagonista, es la moneda corriente en África Occidental. En la realidad también se llaman así, porque dichos diamantes se extraían a través del uso de esclavos.

Otro aspecto que tener en cuenta a lo largo de la película es el continuo uso de los niños para fomentar y potenciar las guerras y la continua devastación que generan las guerras en los niños. Sin ir más lejos, la película comienza con una especie de corto en el que relatan cada fase y vida comercial por el que transcurren las balas hasta llegar a matar a un niño que participa en la guerra. Además, se mencionan a los niños en el ámbito de la guerra de numerosas formas, algunas de ellas son: "brigadas de jóvenes" o "mis niños Kalashnikov". Una frase destacable, dicha por el líder de Liberia en la película es: "Una bala de un chico de catorce años es igual que la de un hombre de cuarenta años".

En el propio preámbulo de la Declaración de los Derechos del Niño ya se subraya que "el niño, por su falta de madurez física y mental, necesita protección y cuidados especiales, incluso la debida protección legal, tanto antes como después del nacimiento".

Para plantear cualquier tipo de regulación, hay que tener claro que se deben promover vías para que los niños estén plenamente preparados para tener una vida independiente en sociedad, y ser educados con los ideales proclamados en la Carta de las Naciones Unidas y, en particular, en dignidad, tolerancia, libertad, igualdad y solidaridad.

Es necesario recordar que en todos los países del mundo hay niños que viven en condiciones excepcionalmente difíciles y, precisamente, son esos niños los que necesitan una especial consideración.

10. CONCLUSIONES

Históricamente hablando, tanto los seres humanos como la guerra han estado estrechamente relacionadas con bastante recurrencia. Además, suele ser bastante habitual que tanto vencedores como vencidos reconozcan haber perdido algo o a alguien durante el transcurso de la guerra, ya sea a través de la muerte de algún ser querido o de algún compañero de batalla, por la pérdida de títulos nobiliarios y objetos de gran valor material o personal, porque dañe la imagen y el propio honor de las personas implicadas e, incluso, por la pérdida de núcleos familiares enteros.

Aquellas personas que han sido participes de alguna guerra, incluso habiendo salido vencedores y habiendo impuesto sus ideas frente a las del otro grupo colectivo combatiente, también suelen ser víctimas de sus efectos devastadores. Es decir, nadie queda impune de los efectos adversos de la guerra. Las secuelas físicas o psicológicas en muchas ocasiones son irreparables o irreversibles. Debido a esto, creo que es necesario que los seres humanos hagamos introspección y reflexionemos y nos preguntemos antes de optar por esta resolución de conflictos: ¿Hasta qué punto la guerra es beneficiosa para alguien? Y, ¿verdaderamente es necesario llegar a este punto con tal de imponer nuestros ideales frente al de los demás?

Tanto los conflictos bélicos como la guerra en general vulneran los derechos humanos y los derechos fundamentales de las personas. Desde un punto de vista legal no existe una causa justificada que permita vulnerar dichos derechos a través del uso de la violencia, sobre todo, si hay alternativas pacíficas a través del dialogo y la comunicación que puedan evitarlo.

Las personas más vulnerables durante la guerra son principalmente los niños. Además, a menudo las guerras suelen vulnerar el principio de autonomía de las personas. Muchos menores son partícipes en los conflictos bélicos sin tener en cuenta sus pretensiones y sin hacer uso de su consentimiento. Por ello, es necesario hacer hincapié en establecer mecanismos de seguridad claros para proteger a las personas más vulnerables y respetar la autonomía de las personas.

El Derecho Internacional Humanitario ha determinado una protección especial para las personas más vulnerables, como los niños en los conflictos armados. Los niños forman parte de la población civil y, como tal, queda totalmente prohibido reclutarlos o alistarlos para que formen parte de cualquier guerra. Además, conforme al Protocolo Facultativo de la Convención de los Derechos del niño del año 2000, la edad mínima para alistarse es hasta los dieciocho años. Hoy en día, la Corte Penal Internacional sigue investigando a presuntos responsables de crímenes de guerra cometidos contra los niños de África y de los cuales hemos hablado durante el análisis de la película *El señor de la guerra.*

El Código Penal español ha sido modificado por la ley orgánica 5/2010, de 22 de junio, para proteger a las personas más vulnerables a través de la incorporación en dicho código de algunas conductas, como pueden ser el reclutamiento de niños menores de 18 años o la de incluir a menores de forma directa en acciones que conlleven hostilidades.

Con relación a los recursos cinematográficos, podríamos afirmar que proporcionan a la sociedad una vía de entretenimiento y desconexión en la que, en ocasiones, permite empatizar con los personajes más despiadados y crueles de la historia o ponerse en el lugar del bando contrario a través de la emisión de un punto de vista diferente de la historia. En el cine es habitual que muchos directores representen acontecimientos históricos y conflictos bélicos basados en hechos reales y, a su vez, añadan elementos ficticios que complementen la historia o incluso la cambien, de tal modo, que esté muy lejos de la realidad. Por este motivo, es necesario subrayar cuándo una película está basada en hechos reales y cuándo es una película de ficción. No todas las películas están hechas para todos los públicos, ya que, en función de la edad del espectador, la película podría influir directa o indirectamente en la evolución y aprendizaje de las nuevas generaciones. Debido a esto, es necesario establecer de forma previa los rangos de edad que son aptos para ver determinadas películas.

El cine es un medio de comunicación masivo que permite reflejar costumbres y comportamientos típicos de la sociedad; aunque no debemos de olvidar que, en muchas ocasiones, dicho reflejo del paradigma social puede estar sesgado por opiniones o por determinados estereotipos que se han ido creando con el paso del tiempo.

Con respecto a los beneficios que pueden aportar los medios audiovisuales a través del cine es necesario destacar que pueden proporcionar diferentes medios de aprendizaje, y también, pueden fomentar la imaginación y la creatividad a través de la emisión de realidades alternativas a la nuestra, e incluso, pueden brindarnos la oportunidad de conectar con nuestras propias emociones y generar hábitos de reflexión y análisis.

Me gustaría terminar mi conclusión con una frase de la película *El señor de la guerra*, la cual hemos analizado a lo largo del capítulo y creo que representa muy bien la concepción que las personas deberíamos tener sobre las guerras: "El secreto de la supervivencia es evitar las guerras, en especial, con uno mismo".

11. REFERENCIAS BIBLIOGRÁFICAS

Bustos, F. J. (2013). Fiscalía v. Lubanga Dyilo: la primera sentencia sobre reparaciones de la Corte Penal Internacional. *Anuario de Derechos Humanos,* (9), 113.

Carta de las Naciones Unidas y Estatuto de la Corte Internacional de Justicia. Declaración unilateral española en aceptación de la jurisdicción obligatoria del Tribunal Internacional de Justicia. *Boletín Oficial del Estado,* 275, de 16 de noviembre de 1990. (TOL5.650.963).

Constitución Española. *Boletín Oficial del Estado,* 311, de 29 de diciembre de 1978. 29313-29424 (TOL173.304).

Cox, F. (2021). Algunas consideraciones sobre la condena de la Corte Penal Internacional a Dominic Ongwen. *Anuario de Derecho Público* (1), 585-604.

Declaración Universal de los Derechos Humanos. Adoptada y proclamada por la Asamblea General de las Naciones Unidas en su resolución 217 A (III), de 10 de diciembre de 1948. (TOL147.461).

Declaración de los Derechos del Niño. Adoptada y proclamada por la Asamblea General de las Naciones Unidas en su resolución 1386 (XIV), de 20 de noviembre de 1959. (TOL301.599).

Enmienda al artículo 8 del Estatuto de Roma de la Corte Penal Internacional y a las Enmiendas a dicho Estatuto relativas al crimen de agresión, hechas en Kampala el 10 y 11 de junio de 2010. *Consejo de Estado,* 18 de diciembre de 2013. (TOL4.524.228)

Expte. relativo al Estatuto de Roma que instituye la Corte Penal Internacional. Consejo de Estado, de 22 de julio de 1999. (TOL3.975.365)

Federación internacional por los Derechos Humanos (FIDH). (6 de marzo de 2015). La sentencia de apelación sobre las reparaciones del caso Lubanga abren la vía para la aplicación de las primeras órdenes de reparación de la CPI. *FIDH.* https://www.fidh.org/es/region/africa/republica-del-congo/la-sentencia-de-apelacion-sobre-las-reparaciones-del-caso-lubanga

Franco, V. L. (2001). "Guerra irregular: entre la política y el imperativo moral". *Estudios políticos,* (19), 37-67.

Jeannet, S., & Mermet, J. (1998). "La implicación de los niños en los conflictos armados". *Revista Internacional de la Cruz Roja,* 23(145), 115-117. DOI: ttps://doi.org/10.1017/S0250569X00024000

Ley Orgánica 10/1995, de 23 de noviembre, del Código Penal. *Boletín Oficial del Estado,* 281, de 24 de noviembre de 1995. (TOL1.867.500).

Ley 41/2002, de 14 de noviembre, básica reguladora de la autonomía del paciente y de derechos y obligaciones en materia de información y documentación clínica. *Boletín Oficial del Estado,* 274, de 15 de noviembre de 2002. (TOL4.590.444).

López Martín, A. G. (2012). La Corte Penal Internacional hace historia: primer veredicto de culpabilidad y primera sentencia sobre reparación a las víctimas en el caso de El Fiscal v. Thomas Lubanga Dyilo. *Foro Nueva época.* 15(2), 255-281.

Nagel, T. (2000). *Ensayos sobre la vida humana.* Fondo de Cultura Económica.

Ojinaga Ruiz, R. (2002). "Niños soldados: comentarios al protocolo facultativo de la convención sobre los derechos del niño relativo a la participación de niños en los conflictos armados". *Revista Española de Derecho Militar,* 8, 41-103.

Pradas, S. H. (2007). La protección especial del niño en el Derecho Internacional Humanitario. *In Derecho internacional humanitario,* 615-632. Tirant lo Blanch.

PROSECUTOR v. DOMINIC ONGWEN, ICC-02/04-01/15, de 4 de febrero de 2021. Disponible en: https://www.icc-cpi.int/court-record/icc-02/04-01/15-1762-red

PROSECUTOR v. THOMAS LUBANGA DYILO, ICC-01/04-01/06 A A 2 A 3, 3 de marzo de 2015. Disponible en: https://www.icc-cpi.int/sites/default/files/CourtRecords/CR2015_02631.PDF

PROSECUTOR v. THOMAS LUBANGA DYILO, ICC-01/04-01/06, 14 de marzo de 2012. Disponible en: https://www.icc-cpi.int/sites/default/files/CourtRecords/CR2012_03942.PDF

PROSECUTOR v. THOMAS LUBANGA DYILO, ICC-01/04-01/06, 7 de agosto de 2012. Disponible en: https://www.icc-cpi.int/sites/default/files/CourtRecords/CR2012_07872.PDF

Real Decreto de 24 de julio de 1889 por el que se publica el Código Civil. *Gaceta de Madrid*, 206, de 25 de julio de 1889. (TOL220.310).

Rodríguez-Villasante y Prieto, J. L. (2011). "La protección del niño en los conflictos armados por el Derecho Internacional Humanitario. Los niños soldados". *Anuario de la Facultad de Derecho de la Universidad Autónoma de Madrid*, 217-240.

Sánchez, J. R. (2004). "Una respuesta a la pregunta ¿Qué es la guerra?". *Aposta: Revista de Ciencias Sociales*, 6, 1-28.

Villamil, M. D. D. (2022). Dominic Ongwen en la Corte Penal Internacional: un análisis feminista sobre crímenes internacionales y subjetividades complejas en la guerra. *Discusiones*, 28(1), 131-156.

Los derechos de los niños en tiempos de guerra en el cine

N. JANIRE RÁMILA DÍAZ

En una de las escenas más icónicas del filme *El imperio del sol* (Spielberg, 1987), un niño interpretado por un incipiente Christian Bale se imagina estar combatiendo en el aire dentro de la cabina de un caza destartalado y roñoso, derribado en un campo de concentración japonés. Y aunque solo fuese durante esos minutos, su mente es capaz de evadirse de la crueldad de la guerra, de la crueldad de sus captores japoneses, de la crueldad de algunos de sus compañeros de barracón y de la crueldad de la vida en general. Y durante esos minutos, el muchacho vuelve a ser lo que es y lo que nunca debió dejar de ser, un simple niño.

Pero es solo un instante y enseguida la película vuelve a contarnos lo que quiere contarnos: el súbito paso de la infancia a la madurez de ese niño condicionado por una guerra en la que se ha visto envuelto y que le ha arrebatado sus padres, su vida, sus sueños y el acomodado futuro que le esperaba en la hasta entonces colonia británica de Shangai.

En esta cinta, Spielberg da voz a los niños de la guerra, algo que más tarde acentuaría con su estupenda, pero durísima *La lista de Schindler* (1993). Sin embargo, el retrato de la pérdida de la infancia a causa de la guerra y las crueles condiciones a las que estos deben enfrentarse para sobrevivir ya disfrutaba de una larga tradición en el cine.

En *Juegos prohibidos* (Clément, 1952), su director había escogido también la II Guerra Mundial como el escenario de fondo para retratar a dos menores, muy marcados por el conflicto, que intentan comprender lo que está sucediendo a su alrededor creando unos juegos, la mayoría con animales del campo, donde incorporan la muerte, la crueldad y la sinrazón. Aunque, a decir verdad, la película también es un alegato por la amistad, el amor, el compañerismo y la solidaridad, reflejada en los vecinos, en los familiares e, incluso, en la pareja protagonista, que se muestra un afecto sincero y mutuo.

Muchos años después, sería Roberto Benigni quien rescataría la misma idea de la pérdida de la inocencia infantil en *La vida es bella* (1997), pero con un enfoque diferente, ya que ahora será un padre quien intente por todos los medios que su hijo sea ajeno a los horrores del día a día de un campo de concentración nazi.

Mediante la imaginación y varios recursos humorísticos, ese padre se las compondrá para que su hijo crea que su estancia en el campo no es más que un juego, una prueba que deben superar para volver a ver a su madre, recluida también en el campo, pero en la sección femenina.

La película logra que el espectador se emocione durante el metraje, llore, sonría..., pero sin prepararle realmente para un final descorazonador y moralizador con un claro mensaje: la crueldad de la guerra y sus consecuencias siempre acaban imponiéndose sobre quienes las sufren.

También perturbadora es *La cinta blanca* (Haneke, 2009), inmensa alegoría centrada en un pequeño pueblo alemán, en los prolegómenos de la I Guerra Mundial, donde una serie de extraños acontecimientos nos dan a entender por qué el nazismo obtuvo el respaldo que más tarde tendría por la población alemana.

Con un uso muy simbólico del color blanco, la cinta da una especial importancia a los niños de la localidad, como representación de ese futuro que irá asumiendo lecciones, mensajes y vivencias que conformarán el caldo de cultivo de los conflictos que protagonizaría Alemania durante las siguientes tres décadas.

El caso EncroChat en Francia o cuando el Estado francés vulneró los límites de un proceso penal aplicando técnicas de guerra híbrida tecnológica

DR. GUILLERMO MIGUEL ROCAFORT PÉREZ1
Profesor de Derecho, Economía y Relaciones Internacionales
Universidad Europea de Madrid
Facultad de Ciencias Económicas, Empresariales y de la Comunicacion
Campus de Villaviciosa, Calle Tajo s/n, 28670, Villaviciosa de Odón, Madrid, España

1. EL CASO OUTREAU EN FRANCIA

Los juristas tendemos a poner el foco de la criminalidad en los particulares y sus comportamientos, pero solemos omitir una realidad tangible y constante a lo largo del tiempo, como es el hecho de que, en ocasiones, el que actúa o desborda los límites impuestos por la propia Ley es el propio Estado.

Sin duda, es algo muy controvertido, porque en muchas ocasiones es el Estado el que no quiere conocer esta propia realidad criminal y delictiva, al no poder asumir que en su esencia también brilla la imperfección y el delito.

---

1 Este artículo ha sido realizado dentro del grupo de investigación de la Universidad Europea "Análisis de valores ético-jurídicos del siglo XXI en el cine como Innovación docente", con código interno 2022/ UEM33 CIPI/23.118.

Por eso es tan importante que el mundo académico ponga el foco en situaciones donde el Estado ha fallado estrepitosamente en la búsqueda y penalización del delito, convirtiéndose en una maquinaria injusta de vulneración de las leyes penales y sus garantías, pudiéndose constatar que los contrapesos no han funcionado como es debido para garantizar la defensa de los acusados y su presunción de inocencia.

El caso Outreau es el paradigma del fracaso judicial a la hora de perseguir el delito por la vía de culpabilizar a personas inocentes, creando un marco de macro juicio con graves impactos mediáticos, que tuvo en jaque al conjunto de la sociedad francesa. Incluso este escándalo ha llegado al gran público mediante una serie en Netflix[2] de varios capítulos y que se recomienda ver en su totalidad.

Su título es *El caso Outreau: Una pesadilla francesa*, una docuserie que analiza uno de los mayores escándalos de Francia, el caso Outreau, una trágica combinación de abusos sexuales a menores y un desastre judicial.

Los cuatro capítulos de la serie, con sus correspondientes descripciones en Netflix, son los siguientes:

a. *La torre Renard: Outreau, 2001.* Un impactante caso de incesto se transforma en una aterradora amenaza de abuso infantil generalizado que acaba cayendo en manos de un joven juez.

b. *Fuera de control.* El caso adquiere cada vez más magnitud y el juez Burgaud, presionado por todo un país horrorizado, se apoya cada vez más en el testimonio de Myriam Badaoui.

c. *El juicio.* Después de tres largos años, comienza por fin el juicio. Los abogados de la defensa empiezan a trabajar juntos y le dan un giro a la narrativa.

---

2 Netflix. (2024). *El Caso Outreau. Una pesadilla francesa.* https://www.netflix.com/es/title/81368117 Recuperado el 30 de abril de 2024.

c. *Justicia.* El jurado emite su veredicto y se celebra un nuevo juicio en París. Todo el sistema judicial está en entredicho y el público francés pide respuestas.

2. ENCROCHAT: UN NUEVO *AFFAIRE* OUTREAU DE LA JUSTICIA FRANCESA

Al poco de suceder, conocimos en España el caso Outreau, que afectó a Francia y el aterrador efecto que causó en multitud de inocentes. El estado francés pidió perdón por haber acusado sin pruebas de los más terribles delitos a franceses anónimos.

Hoy esas prácticas judiciales impropias, provenientes de Francia, parecen subsistir en el caso EncroChat, y además se están aplicando contra ciudadanos españoles.

Ahora mismo hay en las cárceles francesas varios españoles a los que las autoridades judiciales francesas emitieron contra ellos, el 21 de junio de 2022, una Orden europea de detención y entrega (OEDE) que tramitó el Juzgado de instrucción nº 5 de la Audiencia Nacional española, en base a un formulario que contiene datos falsos, pues solicitó su entrega en base a una sentencia condenatoria de 30 años –se habla de sentencia y hasta de su fecha, 6 de mayo de 2022– que no existe, y una imputación de 16 delitos que no son especificados completamente, cuando lo que realmente buscaba, y lo consiguió, era extraditar a Francia a ciudadanos españoles durante la fase de instrucción de un procedimiento penal en Francia, donde, por supuesto, aún no hay sentencia, y sobre la base de una instrucción que dura varios años –como pasó con el caso Outreau– y en donde las defensas no pueden defender a sus clientes, pues allí se aplica la doctrina de "el secreto de defensa", consistente en el sometimiento a una fase de instrucción sin que tu abogado sepa los motivos de la acusación y, por lo tanto, no pueda defenderte.

Véase a continuación un extracto de la OEDE –falsa–, recibida de Francia el 21 de junio de 2022.

031. Referencia del auto **Número de ejecutoria**
Orig:N° parquet : 20100000163N° instruction : JIRSAC/20/5
Trad:N° parquet : 20100000163N° instruction : JIRSAC/20/5

032. Fecha orden detención

.

034. Pena máxima prevista
Orig:a 30 year prison term
Trad:30 AÑOS DE PRISIÓN

Núm. Carpeta:597108 Fecha emisión:21/06/2022

Ministerio del Interior
Dirección General de la Policía
Dirección Adjunta Operativa
División de Cooperación Internacional
Unidad Oficina SIRENE

A. INFORMACION COMPLEMENTARIA (ARTICULO 26 SISII)

035. Autoridad Judicial emisora
Orig: Examining judge in LILLE county court
Trad: Examining judge in LILLE county court

036. Fecha sentencia
Txt:06/05/2022

JUZGADO CENTRAL DE INSTRUCCION Nº 5
MADRID

C/GARCIA GUTIÉRREZ S/N
Teléfono: 91 709 64 78
Fax: 91 709 64 86
NIG:

ORDEN EUROPEA DETENCION Y ENTREGA /2022
Representado:

AUTO

En Madrid, a 23 de junio de 2022.

ANTECEDENTES DE HECHO

PRIMERO.- En este Juzgado se sigue procedimiento de orden europea de detención y entrega (en adelante OEDE), número /22 , contra . La OEDE tiene referencia 20100000163 JRSAC/20/5, emitida por Francia, fecha de sentencia 06.05.22 para cumplimiento de una pena de 30 años de prisión por la comisión de cometidos durante el periodo comprendido entre los años 2017 al 2021.

Posteriormente a estas actuaciones, Francia envió el original de la OEDE en idioma francés y con traducción jurada al español, que entró en la Audiencia Nacional el 1 de julio de 2022, donde, como se puede observar, ya no menciona una sentencia condenatoria firme, sino una mera requisitoria de un juzgado de instrucción francés.

b) Decisión sobre la que se basa la orden europea de detención y entrega:

[A 031 and A 032] Orden de detención y entrega o resolución judicial ejecutiva de igual fuerza: **orden de detención y entrega expedida el 6 de mayo de 2022 por Sophie ALEKSIC, vicepresidenta encargada de la instrucción del Tribunal Judicial de Lille**

[A 033] Tipo: **Orden de detención y entrega del juez de instrucción** (artículos 122 y siguientes del código de procedimiento penal francés, en particular artículo 131 del mismo código)

[A 035 and A 036] Sentencia ejecutiva: sin objeto

[A037] Referencia: N° **Ministerio público: 20100000163, N° de instrucción: JIRSAC/20/05**

c) Indicaciones sobre la duración de la pena:

1 [A034] Duración máxima de la pena o medida de seguridad privativas de libertad que puede dictarse por la infracción o las infracciones: **30 años de encarcelamiento**

2 [A 038] Duración de la pena o medida de seguridad privativas de libertad impuesta: **sin objeto**

[A 039] Pena que resta por cumplir: **sin objeto**

Los españoles extraditados por esta OEDE fraudulenta no habían cometido ningún delito en Francia. La principal acusación desde Francia era el haber vendido en España teléfonos encriptados, lo cual en España ha sido siempre legal, mientras que en Francia está penado por su Código Penal.

3. EL *HACKEO* POLICIAL FRANCÉS DE ENCROCHAT O LA QUIEBRA DEL PROCESO PENAL Y DEL SISTEMA DE OEDE

La Gendarmería francesa no está desvelando a las defensas de los acusados la totalidad de las pruebas obtenidas del *hackeo* de EncroChat.

El argumento usado por el Tribunal Constitucional francés para amparar tan controvertida decisión es que ese secreto es necesario para "proteger las técnicas utilizadas por los servicios de inteligencia franceses y para salvaguardar los intereses fundamentales de la nación francesa" (artículo 707-102-1 del Código Penal francés).

El abogado Robin Binsard argumentó que el secreto en torno a la operación de *hackeo* del sistema encriptado EncroChat era similar a acusar a personas sobre la base de las pruebas encontradas en un registro policial, sin saber dónde tuvo lugar el registro, cuándo se llevó a cabo y sin conocer el método utilizado por la policía e investigadores.

Al final, dicho *hackeo* desembocará, como sucedió en el caso Outreau, en la declaración de la ilegalidad de las pruebas obtenidas –probablemente en este caso en el ámbito del Tribunal Europeo de Derechos Humanos, aunque al final de este artículo comentaré una reciente sentencia de justicia de la Unión Europea–.

La justicia francesa oculta las técnicas utilizadas por los servicios de inteligencia franceses para *hackear* EncroChat, pero es, precisamente, el análisis sobre esas técnicas lo que desvelaría su legalidad o ilegalidad.

Laure Baudrihaye-Gérard –directora legal Europa de *Fair Trials*–, afirmó que el hackeo impide la realización de juicios justos, no sólo en Francia, sino en toda Europa: "Enviamos un fuerte recordatorio a todos los Estados miembros de la UE de que los derechos humanos deben ser respetados para todas las personas, y continuamos denunciando el secreto que rodea a las pruebas obtenidas del hackeo" (Fair Trials, 2022).

Europol traspasó los datos *hackeados* a las autoridades de otros estados de la Unión Europea, dijo Baudrihaye-Gérard, que no preguntaron cómo se obtuvieron los datos o cómo de fiables eran, lo cual denota una quiebra sustancial del procedimiento penal que se ha extendido a otros países de la UE.

Expertos juristas en el Reino Unido han argumentado que la negativa de la gendarmería francesa a divulgar información sobre el *hackeo* de EncroChat ha llevado a un "agujero negro probatorio" (Goodwin, 2021), que ha violado los principios aceptados de que la evidencia debe adquirirse y protegerse adecuadamente antes de usarse en casos legales.

4. EL *HACKEO* DEL SISTEMA ENCRIPTADO DE COMUNICACIONES ENCROCHAT: EJEMPLO DE INVESTIGACIÓN PENAL PROSPECTIVA

La Circular 1/2013, de 11 de enero, sobre pautas en relación con la diligencia de intervención de las comunicaciones telefónicas (Referencia: FIS-C-2013-00001) es una directriz o pauta de la Fiscalía General del Estado aplicable a todo sistema de comunicación encriptado en España, incluido EncroChat.

La Gendarmería francesa "pirateó" dicho sistema EncroChat y, desde entonces, ha cedido los datos a las policías y fiscalías de otros países de la Unión Europea. Los procedimientos penales abiertos en base al pirateo de EncrChat son, a mi juicio, procedimientos penales meramente prospectivos, es decir, la Policía y la Fiscalía actúan sobre ese *hackeo* en base al principio de "a ver lo que pesco".

Sin embargo, se niegan a dar información sobre el cuándo y el cómo de dicho pirateo, con lo que las evidencias penales no son plenas y siempre quedará la duda de si ahí se han metido, añadido o borrado datos por parte de alguien.

Estamos, quizá, ante el mayor quebranto del principio de la presunción de inocencia en el seno de la Unión Europea, una especie de desdén absoluto hacia la carga de la prueba, donde, a mi juicio, la forma de obtener las pruebas de EncroChat afecta a su calidad y a su autenticidad.

La Circular de la Fiscalía General del Estado sobre las investigaciones penales prospectivas establece lo siguiente:

> "Han de excluirse las investigaciones meramente prospectivas, pues el secreto de las comunicaciones no puede ser desvelado para satisfacer la necesidad genérica de prevenir o descubrir de-

litos o para despejar las sospechas sin base objetiva que surjan de los encargados de la investigación, ya que de otro modo se desvanecería la garantía constitucional; exclusión que se extiende igualmente a las hipótesis subjetivas y a las meras suposiciones y conjeturas, pues si el secreto pudiera alzarse sobre la base de esas hipótesis, quedaría materialmente vacío de contenido. Lo relevante constitucionalmente es preservar el principio de proporcionalidad, la aportación de aquellos datos que resulten imprescindibles para poder constatar la idoneidad y estricta necesidad de la intervención y excluir las escuchas prospectivas". (pp. 28-29)

5. EL CASO ENCROCHAT ANALIZADO POR EL PARLAMENTO EUROPEO

La primera pregunta que se realizó sobre EncroChat la hizo el eurodiputado Don Moritz Körner, del grupo liberal y pro europeo Renew, a la Comisión Europea, con número de registro E-000354/2021 y consultable en internet[3]:

"En 2020, Europol desmanteló EncroChat, una red telefónica encriptada que, según Europol, era ampliamente utilizada por redes criminales. Según Europol, una investigación conjunta permitió interceptar, compartir y analizar millones de mensajes que se intercambiaban entre delincuentes para planificar delitos graves. Las fuerzas del orden leyeron una proporción significativa de estos mensajes en tiempo real ante los remitentes desprevenidos.
1. ¿Qué porcentaje de usuarios de EncroChat participaron en actividades delictivas? ¿Se interceptó y analizó toda la comunicación en la red, o solo la de sospechosos específicos?
2. ¿Se utilizó el software para piratear la red EncroChat desarrollado por Europol? De ser así, ¿cuál fue la base legal para esto?
3. ¿Los servicios prestados por EncroChat eran ilegales y ofrecían algún valor añadido a los usuarios después de que Europol pirateara EncroChat?"

---

3 Pregunta en el Euro Parlamento E-000354/2021 sobre Encrochat https://www.europarl.europa.eu/doceo/document/E-9-2021-000354_EN.html Recuperado el 30 de abril de 2024.

La respuesta que dio la comisaria (socialista) de Asuntos de Interior de la Comisión Europea, Ylva Johansson, fue la siguiente:

> "Francia y los Países Bajos, junto con la Agencia de la UE para la Cooperación en materia de Cumplimiento de la Ley (Europol) y la Agencia de la UE para la Cooperación en materia de Justicia Penal (Eurojust), establecieron un Equipo Conjunto de Investigación (JIT) sobre actividades delictivas que involucran el uso de la red de comunicaciones EncroChat. Determinar si una determinada conducta fue delictiva corresponde a los tribunales nacionales. Los Estados miembros deciden sobre el tratamiento y la divulgación de dicha información, de conformidad con el Reglamento Europol y la Directiva sobre aplicación de la ley. Europol declaró que no había desarrollado software para interceptar comunicaciones intercambiadas a través de la red de comunicaciones EncroChat. El apoyo de Europol implicó análisis operativo, apoyo técnico y experiencia para el JIT. Las autoridades nacionales competentes deben evaluar la legalidad de los servicios prestados por EncroChat. Europol informó a la Comisión de que se había detenido a más de 1.800 sospechosos, se habían evitado más de 200 situaciones de peligro de muerte, se había incautado dinero en efectivo valorado en más de 130 millones de euros y se habían iniciado cientos de investigaciones en la UE y fuera de ella".

Es evidente que la señora comisaria no responde a la primera pregunta, aunque del dato que da al final de su respuesta, detención de 1.800 sospechosos, si lo dividimos sobre los usuarios totales de EncroChat, 60.000, nos sale un porcentaje de sólo el 3% de usuarios detenidos, muy lejos del 90% de usuarios criminales que alega la Gendarmería francesa para justificarse.

La comisaria de Asuntos de Interior de la Unión Europea aclara que no se utilizó el software de Europol para el pirateo de la red EncroChat, pero no responde a la cuestión de sobre qué base legal, en el seno de la Unión Europea, se ha producido dicho pirateo.

En cuanto a la pregunta de si los servicios prestados por EncroChat eran ilegales, la comisaria responde que eso corresponde a los tribunales nacionales.

La segunda pregunta[4] que se realizó sobre EncroChat por una eurodiputada alemana, Doña Cornelia Ernst, del grupo izquierdista The Left, a la Comisión Europea, con número de registro E-003454/2021 y consultable en el enlace mencionado decía lo siguiente:

> "Europol, junto con Francia, distribuyó datos de telecomunicaciones cifrados de Encrochat a las autoridades de los Estados miembros de la UE en el marco de la denominada Operación EMMA 95. El contenido había sido obtenido previamente por el servicio secreto francés. Junto con Francia, los Países Bajos y Eurojust, Europol creó un equipo conjunto de investigación para informar a los Estados miembros sobre su posible difusión. Se dice que esto se hizo de conformidad con el Reglamento de Europol y la Directiva sobre aplicación de la ley. Se dice que Europol ha contribuido "con análisis operativo, asistencia técnica y experiencia". En total, se dice que se detuvo a más de 1.800 sospechosos, se evitaron situaciones que amenazaban la vida de más de 200 personas y se incautó dinero en efectivo por más de 130 millones de euros.
> 1. ¿Cuál fue el período de existencia de los equipos conjuntos de investigación o grupos de trabajo relacionados con la plataforma EncroChat con la coordinación de Europol y qué Estados miembros pertenecían a ellos?
> 2. ¿Cuántos miembros del personal de Europol y cuántos representantes de Estados miembros o terceros países trabajaban en Europol de forma permanente a este respecto?
> 3. ¿En qué medida Europol sigue participando en el apoyo a las investigaciones relacionadas con la plataforma EncroChat, ahora descontinuada, y cuánto personal ha sido asignado o enviado en comisión de servicio por los Estados miembros para este fin?"

La respuesta que dio la comisaria (socialista) de Asuntos de Interior de la Comisión Europea, Ylva Johansson, a esta segunda pregunta fue la siguiente:

4 *Pregunta en el Euro Parlamento E-000354/2021 sobre Encrochat.* https://www.europarl.europa.eu/doceo/document/E-9-2021-000354_EN.html Recuperado el 30 de abril de 2024.

> "Francia y los Países Bajos establecieron, en abril de 2020, un equipo de investigación conjunto que todavía está realizando sus tareas, para desmantelar EncroChat con el apoyo de la Agencia de la UE para la Cooperación en materia de aplicación de la ley (Europol) y la Agencia de la UE para la Cooperación en materia de justicia penal (Eurojust).
> El grupo de trabajo operativo en curso se estableció a petición de los Estados miembros con el apoyo de Europol en marzo de 2020 y consta de 13 países, que no se pueden nombrar en esta etapa debido a que las investigaciones aún están en curso.
> Según los datos de EncroChat, se han iniciado y respaldado miles de investigaciones en todo el mundo. Se refieren principalmente al tráfico de drogas a gran escala, los asesinatos y otros delitos violentos graves, la corrupción y el blanqueo de capitales. El equipo de investigación conjunto y el grupo de trabajo son responsables de realizar las investigaciones bajo el control de las autoridades judiciales nacionales.
> La cantidad de recursos asignados al grupo de trabajo operativo varía según las actividades y necesidades operativas de los Estados miembros. El número máximo de personal que apoya al grupo de trabajo desde la sede de Europol ha sido de alrededor de 70, incluido el personal de Europol y el personal de los países participantes".

En cuanto a que se evitaron situaciones que amenazaban la vida de más de 200 personas, es cuanto menos sensacionalista, reflejo de una tendencia de las autoridades de inflar las cifras para así causar ante la opinión pública una mayor aceptación a su nefasta gestión. Lo mismo se puede decir de las "miles de investigaciones en todo el mundo" que dice la señora comisaria.

En cuanto a qué países de la Unión Europea formaban parte de esos equipos conjuntos de investigación sobre EncroChat, llama la atención que no sean especificados esos 13 países, aunque ya sabemos que España forma parte de él. También se puede entender que hay países que han decidido no participar en este enjuague de los servicios secretos franceses.

Existe un *paper*[5] muy elaborado por el Parlamento Europeo, de diciembre de 2022, donde se explica cómo este asunto ha sido escalado al Tribunal Europeo de Derecho Humanos y al Tribunal Europeo de la Unión Europea, cuyas resoluciones, cuando tengan lugar, influirán decisivamente en los países europeos afectados.

6. ¿ERA LEGAL VENDER MÓVILES ENCRIPTADOS ENCROCHAT EN ESPAÑA?

Pregunté al ministerio de Asuntos Económicos y Transformación Digital las siguientes cuestiones: ¿Es legal comercializar teléfonos móviles encriptados en España? ¿Cuáles son, si las hay, las restricciones legales a dicha comercialización?

Este ministerio cita en su resolución, firmada el 7 de septiembre de 2022, por el director general de Telecomunicaciones y Ordenación de los Servicios de Comunicación Audiovisual, en el Expediente de Transparencia número 001-071520, los aspectos normativos que fijan "los requisitos esenciales relacionados con la protección de la salud y la seguridad, con el nivel de compatibilidad electromagnética y con el uso eficaz y eficiente del espectro radioeléctrico que evite interferencias perjudiciales, el nivel de las perturbaciones electromagnéticas generadas y el nivel de protección frente a las perturbaciones electromagnéticas previsibles que permita al equipo funcionar sin una degradación inaceptable en su uso previsto", como son las Directivas 2014/53/UE y 2014/30/UE debidamente traspuestas al marco jurídico español mediante los Reales Decretos 188/2016, de 6 de mayo y 186/2016, de 6 de mayo, respectivamente.

Continúa aclarando dicho ministerio que:

---

5 Unión Europea (2022). *EncroChat's path to Europe's highest courts.* https://www.europarl.europa.eu/RegData/etudes/ATAG/2022/739268/EPRS_ATA(2022)739268_EN.pdf Recuperado el 30 de abril de 2024.

"en cuanto a la encriptación de redes y servicios, la Directiva UE/2018/1972, por la que se establece el Código Europeo de las Comunicaciones Electrónicas –recientemente transpuesta al ordenamiento jurídico español a través de la Ley 22/2011, de 28 de junio, General de Telecomunicaciones–, señala en su Considerando 97 que, con el fin de proteger la seguridad de las redes y los servicios y sin perjuicio de las competencias de los Estados miembros para asegurar la protección de sus intereses esenciales de seguridad y la seguridad pública, y para permitir la investigación, la detección y el enjuiciamiento de delitos, deberá promoverse, por ejemplo, la utilización de cifrado, de extremo a extremo cuando proceda, y, cuando sea necesario, esta deberá ser obligatoria, de conformidad con los principios de seguridad y privacidad por defecto y desde el diseño".

Es decir, en el marco de la Unión Europa se ha establecido normativamente la promoción de la encriptación de las comunicaciones, hasta establecer su obligatoriedad por motivos de seguridad y privacidad.

Por su parte, continúa aclarando dicho ministerio que la nueva Ley General de Telecomunicaciones –Ley 11/2022, de 28 de junio– establece en su artículo 62 una referencia legislativa específica a la encriptación de los datos:

"Artículo 62. Cifrado en las redes y servicios de comunicaciones electrónicas.
1. Cualquier tipo de información que se transmita por redes de comunicaciones electrónicas podrá ser protegida mediante procedimientos de cifrado.
2. El cifrado es un instrumento de seguridad de la información. Entre sus condiciones de uso, cuando se utilice para proteger la confidencialidad de la información, se podrá imponer la obligación de facilitar a un órgano de la Administración General del Estado o a un organismo público, los algoritmos o cualquier procedimiento de cifrado utilizado, en casos justificados de protección de los intereses esenciales de seguridad del Estado y la seguridad pública, y para permitir la investigación, la detección y el enjuiciamiento de delitos, así como la obligación de facilitar sin coste alguno los aparatos de cifra a efectos de su control de acuerdo con la normativa vigente.
3. Toda información obtenida por parte de la Administración General del Estado o cualquier organismo público a través de los

> preceptos incluidos en el apartado 2 de este artículo deberá ser tratada con la máxima confidencialidad y destruida una vez que se resuelva la amenaza para la seguridad del Estado y la seguridad pública o se haya dictado sentencia firme sobre el delito en cuestión".

Se deduce claramente de la contestación que es perfectamente legal en España vender móviles encriptados, siempre que se cumplan los requisitos técnicos precitados –salud y la seguridad, nivel de compatibilidad electromagnética y uso eficaz y eficiente del espectro radioeléctrico–.

La encriptación o cifrado de las comunicaciones en España no sólo está promovida por la normativa aplicable, sino que, además, llega al rango de obligatoriedad en determinadas circunstancias de seguridad y confidencialidad.

Finalmente, la nueva Ley General de Telecomunicaciones permite en España la encriptación o cifrado de las comunicaciones como un elemento de seguridad, imponiendo la obligación de facilitar al Estado, los algoritmos o cualquier procedimiento de cifrado utilizado, sólo en casos justificados de protección de los intereses esenciales de seguridad del Estado y la seguridad pública, y para permitir la investigación, la detección y el enjuiciamiento de delitos, información que será tratada con la máxima confidencialidad y destruida una vez que se resuelva la amenaza para la seguridad del Estado y la seguridad pública o se haya dictado sentencia firme sobre el delito en cuestión.

7. LA CORTE DE CASACIÓN ITALIANA ANULA LAS PRUEBAS OBTENIDAS DEL HACKEO DEL SISTEMA ENCRIPTADO SKY-ECC (SIMILAR A ENCROCHAT)

En una sentencia de fecha 15 de julio de 2022[6], la Corte de Casación Italiana impide el uso de pruebas extraídas del pirateo de sistemas encriptados de comunicaciones (Sky-ECC) si no se permite que los tribunales italianos accedan a cómo los servicios secretos de Holanda y Francia *hackearon* esos sistemas encriptados.

En dicha sentencia, el Tribunal Supremo italiano considera necesario que los tribunales italianos examinen si "el método de obtención de estos mensajes no está en contradicción con las normas imperativas y los principios básicos de nuestro ordenamiento jurídico. Esto significa saber cómo obtuvieron estos materiales".

Como se señala en italiano: "Le modalità di acquisizione di tale messaggistica non siano in contrasto con norme inderogabili e principi fondamentali del nostro ordinamento. Ciò comporta la conoscenza delle modalità di acquisizione del detto materiale"[7].

---

6 Sentencia de la Corte de Casación de Italia. Número 32915/22, de 15 de julio de 2022. https://canestrinilex.com/en/readings/due-process-requires-transparency-of-evidence-gathering-in-sky-ecc-proceeding-cass-3291522 Recuperado el 30 de abril de 2024.

7 Rampioni, M. (2023). "I limiti di utilizzabilità della messaggistica criptata SkyEcc acquisita tramite ordine europeo di indagine tra obblighi europei e principi costituzionali". *Giurisprudenza Penale Web* https://www.giurisprudenzapenale.com/wp-content/uploads/2023/10/Rampioni_gp_2023_10.pdf Recuperado el 30 de abril de 2024.

8. UN EXPERTO ALEMÁN APUNTA A UNA MANIPULACIÓN MASIVA DE LOS DATOS DE ENCROCHAT

El profesor de derecho de seguridad de TI en Bremen y miembro de la junta directiva de la Academia Europea para la Libertad de Información y Protección de Datos (EAID) en Berlín, Dennis-Kenji Kipker[8] (2022), señala una de las cuestiones más controvertidas del caso EncroChat, como es la manipulación de sus datos.

Los datos de EncroChat obtenidos por los servicios secretos franceses se transfirieron a hojas de cálculo de Microsoft Excel y se enviaron a través de Europol a las autoridades alemanas, señala en su artículo.

Afirma este profesor experto en la materia, que los datos de EncroChat no sólo se transfirieron a hojas de cálculo de Excel, sino que además se reconstruyeron, guardaron, fusionaron, transmitieron innumerables veces y reprocesaron, estructuraron y sistematizaron para una "mejor gestión penal". Se eliminaron partes de la comunicación que eran "insignificantes" para el procedimiento de investigación, lo que en algunos casos también generó contradicciones en los registros de datos, de modo que, por ejemplo, los datos geográficos, las marcas de tiempo y la cantidad de mensajes enviados presentaban rupturas lógicas.

Esto significaría que las investigaciones penales realizadas en los tribunales alemanes –como podría pasar además en Francia, Italia, España, Holanda, Reino Unido y todos los demás países afectados– se basarían en archivos de Excel, cuya autenticidad e integridad no pueden garantizarse en ningún caso.

---

8 Kipker, D.K. (2022) "Staat, bleib' bei deinen Befugnissen: Der Fall EncroChat". *Tagesspiegel Background.* https://background.tagesspiegel.de/cybersecurity/staat-bleib-bei-deinen-befugnissen-der-fall-encrochat Recuperado el 30 de abril de 2024.

9. POLÉMICAS EN PAÍSES EUROPEOS POR LOS HACKEOS MASIVOS DE SISTEMAS ENCRIPTADOS

ITALIA: En el Senado italiano se ha afirmado que el *hackeo* de sistemas encriptados es algo más propio de la Stasi que de una democracia (Manti, 2023), señalando además que el software que lo lleva a cabo en Italia no es de fiar –no se sabe si es el mismo software que han usado los servicios secretos franceses para el hackeo de EncroChat, además de costosísimo para las arcas públicas italianas, así como la escasa fiabilidad de las empresas propietarias del software espía de las que no se sabe quiénes son sus verdaderos dueños –esta situación anómala está provocando una investigación de la Fiscalía de Roma contra las empresas dueñas del software pirata[9]–.

Pero lo más alarmante de todo es que ya se habla abiertamente de que el software pirata que desvela comunicaciones encriptadas en Italia está creando pruebas falsas por la vía de manipular los dispositivos móviles, por los problemas técnicos que llevan asociados en dicho software.

HOLANDA: Aquí destacaría el artículo titulado *Aspectos Legales de la Operación EncroChat: Una Perspectiva de Derechos Humanos*, publicada en la prestigiosa *European Journal of Crime, Criminal Law and Criminal Justice*, el 27 de diciembre de 2022[10].

---

9 Manti, F. (2023). "Intercettazioni, ora è allarme. I trojan creano false prove". *Il Giornale*. https://www.ilgiornale.it/news/politica/intercettazioni-ora-allarme-i-trojan-creano-false-prove-2105564.html Recuperado el 30 de abril de 2024.

10 Oerlemans, J.J. y van Toor, D.A.G. (2022). "Legal Aspects of the EncroChat Operation: A Human Rights Perspective". *European Journal of Crime, Criminal Law and Criminal Justice.* https://brill.com/view/journals/eccl/30/3-4/article-p309_006.xml Recuperado el 30 de abril de 2024.

Dentro de las "lecciones aprendidas" del caos que ha supuesto el hackeo de EncroChat, los penalistas holandeses resaltan cómo la justicia holandesa ordenó ciertas limitaciones en el análisis de los datos transferidos por las autoridades francesas, para evitar así lo que se llama una "expedición de pesca criminal" –investigación penal masiva prospectiva–.

Como conclusión más relevante del artículo, se puede señalar que los penalistas holandeses señalan que "el derecho a un juicio justo" al que obliga el artículo 6 del Convenio Europeo de Derechos Humanos, en lo que a las causas penales por EncroChat respecta, pasa necesariamente por tres requisitos:

1. Proporcionar transparencia sobre la operación de *hackeo* realizada;
2. Proporcionar una base legal para probar la confiabilidad de la evidencia obtenida y, finalmente;
3. Proporcionar acceso a los datos utilizados como prueba contra los sospechosos en un caso penal.

En este artículo también se señala que el Instituto Forense de los Países Bajos informó de que el software de piratería e interceptación utilizado para piratear el sistema encriptado de comunicaciones no funcionó de manera continua, no todos los mensajes en los teléfonos de EncroChat fueron interceptados durante toda la operación y hubo casos de confusión en las llamadas salientes y entrantes de EncroChat.

FINLANDIA: En Finlandia, la Justicia ha tumbado el uso de las pruebas obtenidas del *hackeo* por el FBI estadounidense del sistema de comunicaciones encriptado ANOM –sustituto de EncroChat– para determinados delitos, como el de blanqueo de capitales, por provenir de investigaciones penales prospectivas o de pesca, es decir, de casos donde no hay una sospecha criminal concreta o individualizada, situación que no se daría en el caso de delitos más graves donde sí estaría permitido ese uso.

REINO UNIDO: Ha saltado en la prensa las enormes presiones que están sufriendo los reos encausados en asuntos de EncroChat para que se declaren culpables, como manera de ir creando así un corpus de sentencias favorables que legitimen el pirateo de datos realizado en Francia.

En cualquier caso, llama la atención el nivel de injusticia que ha causado esa cuestión entre los que se han visto inmersos en causas de EncroChat por cuanto que poco o nada pueden hacer para desvirtuar una prueba como EncroChat, cuyo acceso está tan restringido.

10. LA ASESORÍA JURÍDICA DE LA FISCALÍA DEL REINO UNIDO DESCARTÓ ACTUAR CONTRA DISTRIBUIDORES BRITÁNICOS DE MÓVILES ENCROCHAT

La Fiscalía británica rechazó la proposición policial de ese país para investigar penalmente en las macro causas relativas a EncroChat a los distribuidores –vendedores– en el Reino Unido de esos móviles encriptados.

Así consta en la sentencia de 26 de octubre de 2020, en los autos número CO/3275/2020 de la Real Corte de Justicia de la Queen's Bench Division, que ejerce la jurisdicción suprema sobre los casos penales en el Reino Unido.

El criterio de la asesoría jurídica de la Fiscalía británica sacó de esa lista inicial prevista por la policía británica a los dieciséis distribuidores de EncroChat en Reino Unido, porque el objeto de la investigación que se iba a tramitar por una OEI (Orden Europea de Investigación) a Francia eran los contenidos de los terminales EncroChat de usuarios británicos que iban a ser utilizados en procedimientos penales por delitos sustantivos, exonerando a los distribuidores de la participación de las redes criminales que se cometían con esos móviles encriptados.

Lo que subyace dentro de este planteamiento es la idea de que por vender un móvil no te conviertes en partícipe de una organización criminal responsable de los delitos que se comentan con él, que es lo que sostiene la justicia francesa, con la asistencia de la justicia española, contra los españoles extraditados a ese país por vender en España legalmente teléfonos móviles encriptados EncroChat.

No consta que las autoridades francesas hayan solicitado la extradición de esos distribuidores británicos de terminales EncroChat, y, de haberse producido, es obvio que las autoridades británicas jamás habrían extraditado a uno solo de sus ciudadanos por este motivo, cuando como hemos visto la Fiscalía británica sacó de esa lista inicial de sospechosos a los dieciséis distribuidores británicos mencionados del borrador de la OEI que inicialmente preparó la policía británica.

Entonces, después de haber dejado clara la lógica posición británica de su Fiscalía y los motivos de haber dejado fuera de toda investigación a los vendedores de EncroChat en ese país, habría que añadir que España es la única nación europea donde se ha detenido a distribuidores de EncroChat, y no para juzgarlos en nuestro país, donde no habría pena que aplicarles, pues aquí la venta de móviles encriptados no es delito, sino para extraditarlos a Francia.

La justicia británica no comparte los criterios de investigación contra los distribuidores de EncroChat de la justicia española, al igual que las justicias del resto de países miembros de la UE, salvo Francia, básicamente porque no consta que haya más procesados en Europa por vender teléfonos EncroChat, salvo los distribuidores españoles deportados a Francia.

11. EL "HACKEO" DE "ENCROCHAT" HABRÍA VIOLADO LA PRIVACIDAD DE LAS COMUNICACIONES DE LOS ABOGADOS CON SUS CLIENTES

La *Revista de Abogados de Austria* señala la violación con el *hackeo* de EncroChat del secreto de las comunicaciones profesionales de abogados con sus clientes. Así se explica en la *Revista de Abogados de Austria* en su primer número de enero de 2023, en un artículo del profesor de derecho de seguridad de TI en Bremen y miembro de la junta directiva de la Academia Europea para la Libertad de Información y Protección de Datos (EAID) en Berlín, Dennis-Kenji Kipker (2023).

La intervención no autorizada en la comunicación cifrada que se ha producido con el pirateo de EncroChat por los servicios secretos franceses, reitera el experto, además de una violación de la protección de la especial comunicación entre el abogado y su cliente, ha tenido como consecuencia una vigilancia masiva e irrazonable que entra en colisión frontal con los derechos fundamentales europeos.

El Colegio de la Abogacía de Madrid también ha publicado recientemente un artículo[11] muy crítico sobre el pirateo de EncroChat titulado *Algunas reflexiones sobre el caso EncroChat y su repercusión en España*, del abogado Víctor Fernández de Lucas (2023), que concluye con una sentencia rotunda:

> "En vista de lo expuesto, la investigación desarrollada sobre EncroChat plantea numerosas cuestiones que afectan a la validez de los datos obtenidos de los servidores de esa empresa y, en consecuencia, a las causas penales incoadas en España a raíz de estos. Cuestiones estas que impiden, a mi entender,

---

11 Fernández de Lucas, V. (2023). "*Algunas reflexiones sobre el caso Encrochat y su repercusión en España*". *Revista Otrosí. Revista del Colegio de la Abogacía de Madrid.* https://www.otrosi.net/analisis/algunas-reflexiones-sobre-el-caso-encrochat-y-su-repercusion-en-espana Recuperado el 30 de abril de 2024.

> que los órganos judiciales españoles continúen manteniendo la presunción de validez de los datos remitidos por Francia, siendo necesario que adopten una actitud proactiva en la determinación de la licitud en su obtención y acceso".

El secreto profesional en España tiene una triple protección: primero, como derecho fundamental protegido por la Constitución Española –Derecho a la Tutela Judicial Efectiva y Derecho de Defensa–; segundo, su vulneración se sanciona penalmente, en virtud del artículo 199.2 del Código Penal; y tercero, y no menos importante, mediante su protección por el artículo 8 del Convenio Europeo de Derechos Humanos.

El Tribunal Europeo de Derechos Humanos, el 16 de junio de 2016, estableció que la intervención de una conversación entre un cliente y su abogado sólo está permitida cuando el letrado sea sospechoso de un hecho delictivo, pero obviamente esta excepción se tiene que fijar a priori y motivadamente, y no como se ha hecho masivamente en el caso del pirateo de EncroChat, donde todas las conversaciones, incluso las que están protegidas por el secreto profesional, han sido objeto de intercepción, almacenamiento y manipulación.

12. ENCROCHAT: ¿'HACKEO DEL SERVIDOR O DE LOS MÓVILES?

El 22 de mayo de 2023 saltó una noticia en el medio británico *The Epoch Times* sobre una carta filtrada de la magistrada francesa Lydia Pflug, que lleva este asunto desde Lille a la Fiscalía británica en la persona de Kate Anderson, fiscal jefe adjunto, en relación a unas dudas de ésta que apuntarían a que el *hackeo* fue de los móviles y no del servidor de Lille –"The messages were retrieved from the database of the messaging application on the pone"–, que los datos *hackeados* no estaban encriptados cuando fueron capturados sino en ficheros planos de texto –"The data used were thus unencrypted and readable in plain text"– y que dicho *hackeo* masivo provocó que los datos sobre las comunicaciones fueran enviados de los usuarios EncroChat a un servidor de la policía francesa –"local rsync server Gendarmerie"–, del que se desconoce su ubicación.

Todo apunta a que la interceptación se hizo en vivo, esto es, masiva y directamente a las comunicaciones en tiempo real, por medio de un troyano, con lo que no habría duda de que se habría atentado a su secreto, derecho fundamental reconocido en todas las constituciones avanzadas, sin que ninguna jurisdicción haya podido acceder a la evidencia de dicha prueba por imperativo penal francés –the technique used to obtain the EncroChat messages is subject to judicial secrecy in France–.

13. NUEVAS *CHAPUZAS* JURÍDICAS LOCALIZADAS EN EL *HACKEO* DE ENCROCHAT

El 20 de agosto de 2020, en el marco de Europol, un responsable policial francés del *hackeo* de EncroChat envió un mensaje a todos los componentes del equipo conjunto de investigación policial –JIT, "Joint Investigation Team"– con el siguiente texto en donde se evidencia una gravísima anomalía en el *hackeo* de EncroChat y posterior tratamiento de la información por parte de Francia y enviada a las naciones implicadas:

> "Hemos encontrado en los archivos tipo.json –que fueron obtenidos a través de nuestra solución técnica, el troyano para el *hackeo* de EncroChat–, que las llamadas salientes –de EncroChat– tienen una anomalía en la forma en que fueron presentados, y sólo en su presentación.
> De hecho, los datos están perfectamente intactos, pero su interpretación correcta requiere la siguiente precisión: el teléfono rastrea una llamada saliente indicando el seudónimo EncroChat en el origen de la llamada después de «a», mientras que debería indicarlo después de «desde».
> Como resultado, las llamadas efectivamente tuvieron lugar entre quien llama y la parte llamada, sólo la dirección de la llamada se invierte

en los datos sin procesar: la persona que llama, el originador de la llamada de voz, es siempre el apodo indicado después del elemento «a». Tenga en cuenta que los datos relacionados con las llamadas entrantes no se ven afectados por esta inversión. Además, esta inversión sólo afecta a las llamadas de voz y no a otros datos resultantes de la captura de datos informática configurada en este procedimiento. No se proporcionará ninguna explicación técnica, ya que se trata de una herramienta de captura de datos utilizada para esta operación y está sujeta al secreto de la defensa nacional y no puede ser revelado en sus modalidades sin incurrir en proceso penal".

Message nat. ID	
Case nat. name	Op. EMMA - Operational Meeting 19-21 February 2020.
Case nat. ID	OP Venetic
Subject	Precision regarding outgoing calls

Personal communication

Dear Colleagues,

Please forward this update on OTF EMMA to colleagues that are known with this operation.

We found in the .json type files (that were obtained via our technical solution), that **outgoing calls** have an anomaly in the way they were presented, and only in their presentation. The data are indeed perfectly intact, but their correct interpretation requires the following precision: **the phone traces an "outgoing_call" by indicating the pseudonym Encrochat at the origin of the call after "to" whereas it should indicate it after "from"**. As a result, the calls did indeed take place between the caller and the called party, only the direction of the call is reversed in the raw data: **the caller, the originator of the voice call, is always the nickname indicated after the "to" item**. Please note that the data relating to **incoming calls are not affected** by this inversion. Moreover, this inversion only concerns voice calls, and no other data resulting from the computer data capture set up in this procedure.

No technical explanation will be provided, as this is a data capture tool used for this operation is subject to national defence secrecy, and cannot be revealed in its modalities without incurring criminal prosecution.
Thank you for your understanding.

Kind Regards,

EMMA FR OTF group
C3N

Esta información contenida en este documento oficial evidencia:

1.- Que ha habido un tratamiento de los datos por parte de la policía francesa tras el *hackeo* de EncroChat, lo que significa que las naciones que han recibido dicha información han recibido, no la información en bruto, que fue pirateada por Francia, sino sólo dicho tratamiento de datos.

2.- Que hay errores y muy graves en dicho tratamiento de datos, pues se ha alterado el sentido de las llamadas, que sepamos, de tal manera que el emisor de las llamadas de voz ha sido convertido en el receptor y a la inversa.

3.- Que un proceso penal construido sobre la base de una evidencia penal a la que no se puede tener pleno acceso para ejercitar el derecho de defensa, y donde tampoco es posible el ejercitar sobre la misma una prueba pericial, pues como dice Francia, "no se proporcionará ninguna explicación técnica" y que su troyano para el *hackeo* está sujeto al secreto de defensa nacional con penas de cárcel en caso de ser desvelado, es un proceso penal viciado de origen bajo el prisma de cualquier Estado de Derecho, incluido el español.

4.- Que este error evidenciado podría invalidar los procedimientos penales que se han abierto indiscriminadamente en la Unión Europea por un manifiesto y palpable vicio de origen, y porque desde Francia han hecho un tratamiento de datos en un entorno propicio para las manipulaciones y los errores, como ha quedado constatado.

5.- Que los datos suministrados tras el *hackeo* de EncroChat no son íntegros, están manipulados por lo que no pueden ser introducidos en un juicio para fundamentar una sentencia condenatoria, gravísimo hecho que, sin duda, empaña el principio de confianza recíproca entre las naciones de la Unión Europea.

14. EL TEDH DECLARA QUE EL USO DE BYLOCK –EL ENCROCHAT TURCO– HA VIOLADO EL DERECHO A UN JUICIO JUSTO EN UN CASO DE TURQUÍA

En una sentencia reciente[12], de 26 de septiembre de 2023, el Tribunal Europeo de Derechos Humanos ha procedido a declarar que el uso de la prueba ByLock en Turquía, sistema encriptado de comunicaciones muy similar a EncroChat, ha violado el Convenio Europeo de Derechos Humanos, en particular el artículo 6.1 relativo al derecho a un juicio justo.

---

12 Sentencia del Tribunal Europeo de Derechos Humanos, 15669/20, de 26 de septiembre de 2023. CASE OF YÜKSEL YALÇINKAYA v. TÜRKİYE. https://hudoc.echr.coe.int/fre#{%22itemid%22:[%22001-227636%22]} Recuperado el 30 de abril de 2024.

En particular, son de destacar las siguientes afirmaciones del Tribunal mencionado que justifican dicha resolución:

> "Si bien en la lucha contra el terrorismo puede ser importante utilizar pruebas electrónicas, el procedimiento en su conjunto, incluida la forma en que se obtuvieron y presentaron las pruebas, debe ser justo. En particular, se debía dar al demandante la oportunidad de cuestionar las pruebas y oponerse a su uso en procedimientos que cumplieran con las garantías del artículo 6.1 del Convenio.
> Los Tribunales turcos no dieron ninguna explicación de por qué se le habían ocultado los datos brutos de ByLock que habían sido recopilados por los servicios de inteligencia, en particular en la medida en que se referían al demandante. El demandante tampoco tuvo la oportunidad de comentar sobre el material descifrado de ByLock que le concierne, lo que le habría permitido cuestionar la validez de las conclusiones extraídas del uso de dicha aplicación. Además, los tribunales no habían acogido la solicitud del solicitante de que los datos brutos se sometieran a un examen independiente para verificar su contenido e integridad.
> Una serie de argumentos planteados por el solicitante apuntan a preocupaciones sobre la fiabilidad de las pruebas de ByLock, como la incoherencia entre las diferentes listas de usuarios de ByLock publicadas por los servicios de inteligencia, así como entre el número de usuarios identificados y eventualmente procesados y el número de descargas, tampoco había recibido respuesta.
> En general, los tribunales no habían establecido suficientes salvaguardias para garantizar que el demandante hubiera tenido una oportunidad genuina de impugnar las pruebas en su contra de manera efectiva, abordar las cuestiones más destacadas que se encuentran en el centro del caso y proporcionar razones que justifiquen sus decisiones.
> Tales deficiencias habían sido incompatibles con la esencia misma de los derechos procesales del demandante en virtud del artículo 6.1, socavando la confianza que los tribunales en una sociedad democrática debían inspirar en el público. Por lo tanto, el proceso penal contra el demandante no cumplió con los requisitos de un juicio justo, en violación del artículo 6.1 del Convenio".

La cuestión que se suscita en la actualidad es si estos mismos argumentos serán de aplicación al asunto de EncroChat y todo apuntaría a que así sería, por compartir ambos casos las mismas situaciones fácticas.

Son muchas las irregularidades existentes con relación al uso de la prueba EncroChat en distintos países de la UE, de entre los que destacaría los siguientes, al objeto de confirmar esa comparación con el caso de ByLock en Turquía:

- Tanto en España y Francia como en Turquía se ha trabajado desde los poderes del Estado sobre la base de una presunción de culpabilidad fijada por los servicios de inteligencia si se usaba un sistema de comunicación encriptado como EncroChat y ByLock, lo cual es una ruptura del Estado de Derecho.
- Todo acusado debe tener acceso a la evidencia penal que le incrimine al objeto de poder desvirtuarla, algo que no se ha dado ni en ByLock ni en EncroChat, fundamentalmente por motivos de seguridad nacional alegados por Turquía y Francia.
- Existen indicios de la falta de fiabilidad de las pruebas incriminatorias descritas que no han podido ser analizadas en profundidad por la imposibilidad de acceso a las mismas.
- Tanto en la Unión Europea como en Turquía existe una sensación creciente de desconfianza ante la Justicia por comportamientos como el descrito, consistente en encarcelamientos masivos de personas a las que no se les permite el acceso a las pruebas incriminatorias, lo cual sin duda socava las democracias de nuestros países y su integridad.

Como muy bien señaló recientemente en una entrevista, Don Javier Borrego Borrego, exmagistrado del Tribunal Europeo de Derechos Humanos, en la *Revista Otrosí*[13]: "Es bueno que haya salido el caso EncroChat porque servirá para marcar los límites sobre este tipo de actuaciones".

---

13 García Ojeda, E. (2023). "Borrego, exmagistradoTEDH: 'Es bueno que haya salido el caso EncroChat porque servirá para marcar los límites sobre este tipo de actuaciones'". Revista Otrosí. Revista del Colegio de la Abogacía de Madrid. https://www.otrosi.net/borrego-exmagistrado-tedh-caso-encrochat/ Recuperado el 30 de abril de 2024.

15. HACKEO DE ENCROCHAT: PRUEBA DOCUMENTAL O INTERVENCIÓN DE LAS COMUNICACIONES

Para la Fiscalía de la Audiencia Nacional estamos ante meras pruebas documentales y, por lo tanto, exentas de las garantías penales que brinda el derecho para poderlas usar en un procedimiento judicial.

Sin embargo, estamos ante una cuestión de suma importancia, pues si seguimos esa lógica jurídica podríamos decir que incluso una carta personal escrita del puño y letra e intervenida por las autoridades, podría ser considerada una mera prueba documental a la que tener acceso sin la preceptiva autorización judicial, lo que supone un argumento excesivamente forzado.

Es interesante abordar este planteamiento desde el derecho comparado aplicado en Italia, nación hermana de España.

Para el Tribunal Constitucional de Italia, el correo electrónico y el Whatsapp son correspondencia, y, por lo tanto, deben respetarse todas las garantías para admitirse su uso en un proceso penal.

Esta resolución judicial –sentencia número 170 de 2023, de fecha 7 de junio de 2023, redactada por el juez Franco Modugno[14]–, vino como consecuencia de que en una causa penal italiana, en la que los fiscales italianos indebidamente habían considerado la intervención de unos mensajes por Whatsapp del senador Matteo Renzi, ex Primer Ministro italiano, como meros documentos y sin haber recabado la autorización del Senado, como persona aforada que es, en violación del artículo 68, párrafo tercero, de la Constitución italiana. –donde se señala que "sin autorización de la Cámara a la que pertenece, ningún miembro del Parlamento puede ser sometido a interceptación, bajo cualquier forma, de conversaciones o comunicaciones y a incautación de correspondencia"–.

---

14 Sentencia del Tribunal Constitucional de Italia, 170, del 7 de junio de 2023. *Rivista Giuridica Scientifica.* https://giurcost.org/decisioni/2023/0170s-23.html Recuperado el 30 de abril de 2024.

A partir de este momento, los tribunales penales italianos lo tienen muy claro al respecto de considerar los correos electrónicos y las mensajerías cifradas –chats como Whatsapp y otro– como correspondencia, siempre que mantengan una actualidad y un interés para el destinatario, y que, por tanto, sólo pueden adquirirse con las reglas de las escuchas telefónicas, y no simples documentos que puedan ser incautados en un servidor informático.

La cuestión abordada y resuelta por la justicia italiana adquiere un valor significativo en términos de la naturaleza y de la protección constitucional asociada, que debe concederse a los chats y a las comunicaciones intercambiadas a través de la plataforma Sky-ECC, y, por lo tanto, extrapolable a todos los demás sistemas de comunicación encriptados, incluido EncroChat.

16. SENTENCIA DEL TRIBUNAL DE JUSTICIA DE LA UNIÓN EUROPEA SOBRE ENCROCHAT

En la sentencia del TJUE C-670/22 de 30 de abril de 2024 relacionada con el hackeo de EncroChat se establecen unas conclusiones fundamentales[15]:

> "El juez penal nacional debe desechar elementos de prueba cuando la persona afectada no pueda cuestionarlos y sean susceptibles de influir de manera predominante en la apreciación de los hechos. Una medida relacionada con la infiltración de dispositivos terminales, destinada a extraer datos de tráfico, ubicación y comunicación de un servicio de comunicación basado en Internet, debe ser notificada al Estado miembro en el que se encuentra su objetivo. La autoridad competente de este Estado miembro tiene la facultad de señalar que esta interceptación de comunicaciones

---

15 Corte de Justicia de la Unión Europea (2024) "*EncroChat: the Court of Justice clarifies the conditions for the transmission and use of evidence in criminal cases with a cross-border dimension*". https://curia.europa.eu/jcms/upload/docs/application/pdf/2024-04/cp240077en.pdf Recuperado el 30 de abril de 2024.

no puede llevarse a cabo o debe interrumpirse cuando no esté autorizada en el marco de un procedimiento nacional similar".

En mi opinión, estos planteamientos del TJUE servirán para cuestionar la legalidad del *hackeo* de EncroChat, por cuanto que hay una opacidad total al respecto por parte de las autoridades francesas y, además, porque no hubo notificación previa a los estados miembros de la Unión Europea, cuyos ciudadanos se vieron afectados por dicho *hackeo.*

Queda por esperar a la sentencia del Tribunal Europeo de Derechos Humanos, pendiente de resolución sobre EncroChat, que entiendo que irá en la línea de lo establecido en el caso ByLock turco, por ser casos prácticamente idénticos, con lo que, al final, considero que el caso EncroChat acabará en un nuevo caso Outreau, es decir, un escándalo judicial proveniente de Francia que, en este caso, se ha extendido al resto de la Unión Europea.

17. REFERENCIAS BIBLIOGRÁFICAS

Circular 1/2013, de 11 de enero, de la Fiscalía General del Estado, sobre pautas en relación con la diligencia de intervención de las comunicaciones telefónicas. Referencia: FIS-C-2013-0000.

Corte de Justicia de la Unión Europea. (30 de abril de 2024). "*EncroChat: the Court of Justice clarifies the conditions for the transmission and use of evidence in criminal cases with a cross-border dimension*". https://curia.europa.eu/jcms/upload/docs/application/pdf/2024-04/cp240077en.pdf Recuperado el 30 de abril de 2024.

García Ojeda, E. (17 de mayo de 2023). "Borrego, exmagistradoTEDH: 'Es bueno que haya salido el caso EncroChat porque servirá para marcar los límites sobre este tipo de actuaciones'". *Revista Otrosí. Revista del Colegio de la Abogacía de Madrid.* https://www.otrosi.net/borrego-exmagistrado-tedh-caso-encrochat/ Recuperado el 30 de abril de 2024.

Fair Trials. (8 de abril de 2022). "EncroChat hack: Fair Trials denounces decision of French Court". *Fair Trials.* https://www.fairtrials.org/articles/news/encrochat-hack-fair-trials-denounces-decision-of-french-court/ Recuperado el 30 de abril de 2024.

Fernández de Lucas, V. (15 de febrero de 2023). "Algunas reflexiones sobre el caso Encrochat y su repercusión en España". *Revista Otrosí. Revista del Colegio de la Abogacía de Madrid.* https://www.otrosi.net/analisis/algunas-reflexiones-sobre-el-caso-encrochat-y-su-repercusion-en-espana Recuperado el 30 de abril de 2024.

Goodwin, B. (29 de marzo de 2021) "UK courts face evidence 'black hole' over police EncroChat mass hacking". *Computer Weekly.* https://www.computerweekly.com/news/252498544/UK-courts-face-evidence-black-hole-over-police-EncroChat-mass-hacking Recuperado el 30 de abril de 2024.

Kipker, D.K. (2022). "Staat, bleib' bei deinen Befugnissen: Der Fall Encrochat". *Tagesspiegel Background* https://background.tagesspiegel.de/cybersecurity/staat-bleib-bei-deinen-befugnissen-der-fall-encrochat Recuperado el 30 de abril de 2024.

Kipker, D.K. (2023). "Workshop: Schutz des Anwaltsgeheimnisses Videobotschaft". *Anwalts blatt.* https://www.rechtsanwaelte.at/fileadmin/user_upload/Anwaltsblatt/23_anwbl01.pdf Recuperado el 30 de abril de 2024.

Ley 11/2022, de 28 de junio, General de Telecomunicaciones. Boletín Oficial del Estado, 155, 91253-91411, de 29 de junio de 2022. (TOL9.093.453)

Manti, F. (2023). "Intercettazioni, ora è allarme. I trojan creano false prove". *Il Giornale.* https://www.ilgiornale.it/news/politica/intercettazioni-ora-allarme-i-trojan-creano-false-prove-2105564.html Recuperado el 30 de abril de 2024.

Netflix. (2024). El Caso Outreau. Una pesadilla francesa. https://www.netflix.com/es/title/81368117 Recuperado el 30 de abril de 2024.

Oerlemans, J.J. y van Toor, D.A.G. (2022). "Legal Aspects of the EncroChat Operation: A Human Rights Perspective". *European Journal of Crime, Criminal Law and Criminal Justice.* https://brill.com/view/journals/eccl/30/3-4/article-p309_006.xml Recuperado el 30 de abril de 2024.

Pregunta en el Euro Parlamento E-000354/2021 sobre Encrochat https://www.europarl.europa.eu/doceo/document/E-9-2021-000354_EN.html Recuperado el 30 de abril de 2024.

Rampioni. M. (2023). "I limiti di utilizzabilità della messaggistica criptata SkyEcc acquisita tramite ordine europeo di indagine tra obblighi europei e principi costituzionali". *Giurisprudenza Penale Web.* https://www.giurisprudenzapenale.com/wp-content/uploads/2023/10/Rampioni_gp_2023_10.pdf Recuperado el 30 de abril de 2024.

Sentencia de la Corte de Casación de Italia, 32915/22, de 15 de julio de 2022. *CanestriniLex.* https://canestrinilex.com/en/readings/due-process-requires-transparency-of-evidence-gathering-in-sky-ecc-proceeding-cass-3291522 Recuperado el 30 de abril de 2024.

Sentencia del Tribunal Constitucional de Italia, 170, del 7 de junio de 2023. *Rivista Giuridica Scientifica.* https://giurcost.org/decisioni/2023/0170s-23.html Recuperado el 30 de abril de 2024.

Sentencia del Tribunal de Justicia de la Unión Europea, C-670/22, de 30 de abril de 2024. (TOL9.984.350)

Sentencia del Tribunal Europeo de Derechos Humanos, 15669/20, de 26 de septiembre de 2023. CASE OF YÜKSEL YALÇINKAYA v. TÜRKİYE. https://hudoc.echr.coe.int/fre#{%22itemid%22:[%22001-227636%22]} Recuperado el 30 de abril de 2024. (TOL9.710.457)

Unión Europea. (2022). *EncroChat's path to Europe's highest courts.* https://www.europarl.europa.eu/RegData/etudes/ATAG/2022/739268/EPRS_ATA(2022)739268_EN.pdf Recuperado el 30 de abril de 2024.

Los abusos del estado de derecho en el cine

N. JANIRE RÁMILA DÍAZ

Cuando las herramientas del Estado de Derecho no alcanzan para vencer al crimen, entonces es necesario recurrir a sus cloacas. Esta podría ser la premisa de un buen número de argumentos muy famosos como *Sicario* (Villeneuve, 2015), donde Estados Unidos es consciente de que la interminable guerra contra las drogas les está llevando a un pozo insondable de desgaste económico y moral, por lo que se decide actuar al margen de la Ley a través de unidades especiales secretas y con carta blanca para cometer asesinatos selectivos, pero sin ningún respaldo oficial.

¿Es lícita esa actuación? ¿Qué prima antes: la defensa del Estado de Derecho o la seguridad nacional? Son cuestiones que plantea el inteligente argumento ideado por Taylor Sheridan, autor que dos años más tarde también escribiría y dirigiría la estupenda *Wind River* (Sheridan, 2027). Y es que las historias de Sheridan siempre suceden en las últimas fronteras del ser humano, allí donde termina la ley y comienza la barbarie, donde la naturaleza se impone al orden y donde las pasiones, y no las normas, son las que rigen las relaciones humanas. *Comanchería* (Mackenzie, 2016) o la más reciente serie de televisión *Yellowstone* (Sheridan, 2018) mantienen esta misma premisa.

Pero si de los abusos del poder contra la lucha del narco se trata, entonces la serie *The wire* (Simon, 2002) es la absoluta referencia. A través de sus cinco temporadas y 60 capítulos el espectador es consciente de cómo las drogas se han infiltrado en todas las capas sociales, desde la policía hasta la política, pasando por los sistemas asistenciales y educativos de la ciudad que se toma como referencia de esta problemática, Baltimore.

Menos sutil, pero también más emocionante es la película *Tropa de élite* (Padilha, 2007). Ambientada en el Río de Janeiro de 1997, su protagonista es un capitán del Batallón de Operaciones Policiales Especiales (BOPE), con la autorización para entrar allí donde la policía brasileña no se atreve a hacerlo y para matar sin la necesidad de un juicio previo cuando se considere hacerlo.

Durante todo su metraje sigue aflorando la misma pregunta al espectador: ¿es lícito saltarse la Ley para salvaguardar la seguridad nacional o la ciudadana? O, incluso, ¿para proteger los derechos civiles vulnerados por el crimen? Es el dilema que muestra *Arde Mississipi* (Parker, 1988), con un argumento basado en hechos reales y en unas técnicas de coerción y violencia ejecutadas por el FBI, dentro del programa COINTELPRO, y que llevarían al cuestionamiento de su director, John Edgard Hoover.

Una cuestión que para los protagonistas de *J.F.K.: Caso abierto* (Stone, 1991) no admite discusión. Al menos, no para los integrantes de la Comisión Warren, que investigaron y llevaron a juicio el asesinato de John F. Kennedy. Y es que no otra fue su misión: encontrar a los culpables del magnicidio, fueran quienes fuesen y costase lo que costase. Pero para los autores del crimen la respuesta sería un sí, ya que la película da a entender que el asesinato se produjo por cuestiones políticas de seguridad nacional, no por temas personales. O, al menos, lo que ellos entendían era mejor para el país desde su visión política.

Esta misma óptica –aunque ciertamente de manera muy partidista– siguieron quienes autorizaron el espionaje a las oficinas demócratas situadas en el edificio Watergate y que dieron pie, no solo a un gran escándalo político que terminó con la dimisión del presidente norteamericano Richard Nixon, también a una estupenda película titulada *Todos los hombres del presidente* (Pakula, 1976).

Libertad de prensa y derecho a la información, secreto de las comunicaciones, libertad política, protección de las fuentes periodísticas... la película gira en torno a grandes cuestiones que, ciertamente, se intentaron vulnerar –cuando no se vulneraron directamente– en un suceso real que aún se estudia en las facultades de Periodismo.

Algunas de estas cuestiones también afloraron en otras cintas como *Estado de silencio* (Maza, 2004) o en la miniserie británica *La sombra del poder* (Yates, 2003). Esta última centrándose en un joven y ambicioso político que utiliza los resortes del poder para encubrir un crimen que podría destruir su carrera, a semejanza de lo que más tarde nos relataría, de una forma mucho más exagerada, la también intrigante *House of cards* (Willimon, 2013).

Cabe preguntarse, qué cintas con esta temática nos deparará en el futuro la nueva era política en la que nos adentramos en estos precisos momentos.